Knaur

Über die Autorin:

Nicole Maibaum ist freie Journalistin und arbeitet für eine Reihe von Publikumszeitschriften, unter anderem für die *Allegra*, die *Brigitte Young Miss, Maxi, Petra, Hörzu*. Nicole Maibaum lebt in Hamburg.

Nicole Maibaum

Am liebsten Geliebte

Glücklich ohne Ehealltag

Exklusiv in diesem Buch:

- Welcher Geliebtentyp sind Sie?
- Warum hat er eine Geliebte?
- Wie stehen die Chancen für die Zukunft Ihrer Beziehung?

Knaur

Besuchen Sie uns im Internet:
www.knaur-taschenbuch.de

Originalausgabe 2003

Ein Unternehmen der Droemerschen Verlagsanstalt
Th. Knaur Nachf., GmbH & Co. KG, München

Konzeption und Realisation: Christine Proske,
Ariadne-Buch, München
Redaktion: Kathrin Nord
Umschlaggestaltung: ZERO Werbeagentur, München
Umschlagabbildung: Digial Vision
Satz: Ventura Publisher im Verlag
Druck und Bindung: Nørhaven Paperback A/S
Printed in Denmark
ISBN 3-426-77664-2

5 4 3 2 1

Vielen Dank an die Psychologen Michael Thiel,
Monika Thurke, Steffen Fliegel und Arnd Stein,
die Rechtsanwältin Esther Caspary,
die Geliebte Dörte und alle anderen Geliebten.

Inhalt

Zur Lage der Geliebten

Damals …

England im Jahr 1971: Eine junge Frau, 24 Jahre alt, trifft am Rande eines Polofelds einen Prinzen. Einen, der eines Tages das ganze Land regieren soll und der zudem gar nicht übel aussieht – das findet die junge Frau zumindest, und so geht sie bei dieser Begegnung in die Offensive. Angeblich mit den Worten: »Meine Urgroßmutter war die Geliebte Ihres Ururgroßvaters. Also, wie wär's?« Der 23 Jahre alte Prinz Charles ist nicht abgeneigt. Und so beginnt die Geschichte einer der bekanntesten Geliebten der Gegenwart: Camilla Parker Bowles. Eine Frau, die die Meinungen spaltet: Die einen finden sie sympathisch, andere wehren sich dagegen, auch nur ein gutes Haar an ihr zu lassen. Sicher, sie ist anders, sie geht ihren eigenen Weg, und damit haben einige Menschen ihre Probleme. Fest steht jedoch: Charles ist seit über 30 Jahren von Camilla fasziniert, und die Zuneigung beruht trotz der gesellschaftlichen Schranken auf Gegenseitigkeit.

Aber ist Camilla vielleicht nur ein Einzelfall? Eine wie keine? Mitnichten. Zwar angelt sich nicht jede Frau einen Blaublüter, doch ist dies auch nicht die Voraussetzung für eine glückliche Geliebtenbeziehung.

Überhaupt ist vieles einfach nicht planbar, und die Liebe schon gar nicht. Diese Erfahrung machte zum Beispiel die allseits beliebte Hollywood-Schauspielerin Katharine Hepburn. Eigentlich wollte sie 1942 nur einmal wieder einen Film drehen, doch bei den Dreharbeiten zu *Die Frau, von der man spricht* läuft ihr Schauspielerkollege Spencer Tracy über den Weg. Das ist der Anfang einer Beziehung, über die ein US-Magazin einmal schrieb: »Die Romanze der beiden war die größte Liebesgeschichte, die nie erzählt wurde.« Tatsächlich dringt wenig an die Öffentlichkeit, denn Tracy ist verheiratet. Eine Scheidung kommt für den Mimen aufgrund seines streng katholischen Glaubens nicht infrage, genauso wenig aber eine Trennung von Katharine Hepburn. An den Wochenenden ist der Schauspieler bei seiner Ehefrau Louise und ihrem gemeinsamen taubstummen Sohn. Seine Geliebte Hepburn verbringt mit Spencer Tracy über 25 Jahre lang die Tage zwischen den Wochenenden. Als Tracy 1962 schwer erkrankt, unterbricht sie wie selbstverständlich ihre Karriere und pflegt den kranken Geliebten bis zu seinem Tod im Jahr 1967.

Das ist kein wirkliches Happy End, wie man es sonst aus Hollywood gewohnt ist. Doch auch das gibt es in Geliebtenbeziehungen durchaus, und ein solcher Fall ereignete sich sogar in deutschen Landen: Doris Köpf, allein erziehende Mutter einer kleinen Tochter, arbeitet als politische Journalistin und begegnet so zwangsläufig dem niedersächsischen Ministerpräsidenten Gerhard Schröder. Der Mann ist 20 Jahre älter und in dritter Ehe verheiratet. Doch dies ist kein Grund, der Liebe nicht eine Chance zu geben, und nach einem langen Rosenkrieg mit Ehefrau Hiltrud lässt sich Gerhard Schröder scheiden und heiratet seine Geliebte. War diese damals eine ganz normale Frau, so ist sie anno 2003 die Bundeskanzlergattin.

Drei Frauen, drei Geschichten, drei verschiedene Leben, drei Geliebte von vielen ...

Deutschland heute: die Situation der Schattenfrauen

Verschiedene Studien haben ergeben, dass sich rund 80 Prozent aller Männer eine Geliebte wünschen und dass zwischen 70 und 80 Prozent aller verheirateten Männer im Lauf ihrer Ehe einmal untreu sind. Es ist allerdings schwierig, genaue Zahlen zu bekommen, da die Themen »Seitensprünge« oder »Geliebte« nach wie vor tabu sind.

Schätzungen zufolge leben zurzeit in Deutschland etwa 1,5 Millionen Geliebte. Zahlreiche davon führen ein Schattendasein – nicht weil sie es wollen, sondern weil sie es müssen: Oft dürfen nicht nur die Ehefrau oder Freundin des Partners, sondern darf auch das eigene Umfeld nichts von der Geliebtenbeziehung wissen.

Denn es gibt immer noch genügend Mitmenschen, die der Geliebten den Stempel »Luder« aufdrücken und sie an den Rand der Gesellschaft drängen wollen. Dieses Buch will dazu beitragen, die Vorurteile gegenüber Geliebten abzubauen und gängigen Klischeevorstellungen entgegenzuwirken. Hier erfahren Sie, warum Frauen überhaupt Geliebte werden und bleiben – und lernen Motive der Männer kennen, die eine Geliebte haben. Berichtet wird über prominente Geliebte in der Geschichte und in der Gegenwart, und auch unbekannte Geliebte kommen zu Wort und berichten von ihrem Leben und von den Fragen, mit denen sie sich immer wieder beschäftigen: Muss ich mich entscheiden? Muss sich mein Partner zwischen seiner Ehefrau und mir entscheiden? Hinzu kommt die Überlegung, wie lange eine Frau eigentlich als Geliebte leben kann. Möglicherweise ihr Leben lang? Warum nicht. Es ist keine Seltenheit, dass eine Geliebtenbeziehung über mehrere Jahre, sogar Jahrzehnte hinweg andauert. Denn das Leben als Geliebte bringt viele Vorteile mit sich, auch wenn dies selbst vielen Geliebten nicht bewusst sein mag. Diesen sei gesagt: Es ist nicht so, wie es Ihnen vielleicht eingeredet wird. Das Leben als Geliebte muss keine schlimme Zeit sein, auch wenn andere das vielfach denken. Ganz im Gegenteil! Viele Geliebte führen ein glückliches und zufriedenes Leben und lassen sich von den Anfeindungen in der Gesellschaft und den vielen Vorurteilen nicht unterkriegen. Und das sollte sich jede Geliebte nehmen – sich frei zu machen für ein Leben mit Selbstbewusstsein, damit sie hocherhobenen Hauptes sagen kann: Ich bin eine Geliebte und glücklich. Es lohnt sich!

Wie lebt und was erlebt eine Geliebte wirklich? Ist es so, wie es einige Zeitungen berichten? Läuft alles heimlich und vieles versteckt ab? Wie fängt eine Geliebtenbeziehung an und wo hört sie auf?

Antworten darauf gibt hier eine Geliebte. Sie erzählt ihre Geschichte, spricht über ihre Gefühle und Erfahrungen. Ihren richtigen Namen möchte sie nicht nennen. Einige Menschen in ihrem Leben, wie die Arbeitskollegen und Nachbarn, sollen nichts von ihrem Liebesleben erfahren. Nur so viel: Es ist eine junge Frau aus Hamburg. Sie sieht aus wie viele andere Frauen auch. Sie hat einen Job und Freunde. Sie hat eine Familie und ein Zuhause. Alles ist so, wie im Leben anderer Frauen – fast alles. Doch was sie von den anderen unterscheidet und wie sie mit ihrer Rolle als Geliebte lebt, soll sie lieber selbst erzählen:

Wie alles begann

Versuchen Sie nicht, Ihr Leben zu planen, nach der einzig großen Liebe zu suchen, um dann, wie alle anderen, scheinbar glücklich zu leben. Ich dachte auch einmal, das und nur das sei das einzig Wahre und Wichtige. Das stimmt aber nicht, so viel weiß ich jetzt. Und damit Sie verstehen, wovon ich rede, fange ich am besten ganz von vorne an.

Gestatten, ich bin 35, weiblich, Single. Ich arbeite als Grafikerin in einer Werbeagentur mit 15 Mitarbeitern und entwerfe dort Layouts für Plakate, gestalte Kundenhefte und arbeite noch ein wenig an der Gestaltung unserer Homepage mit. Das war seit Jahren mein Alltag und weiter nichts Besonderes – bis zu jener Woche vor knapp zwei Jahren, in der auf unserer Büroetage ein kleines Architektenteam einzog, drei Männer und eine Frau. Als Sparmaßnahme hatte sich unsere Firma dazu entschlossen, mit diesem Team die Räumlichkeiten zu teilen. Der erste Tag, an dem die Architekten einzogen, war furchtbar. Ständig kamen Handwerker herein, fragten nach Stromanschlüssen oder Ähnlichem und machten dann später mit ihren Bohrmaschinen mächtig Lärm. Am zweiten Tag wurde es ruhiger, und am dritten Tag konnten wir endlich wieder über den Flur gehen, ohne dabei über Kartons zu stolpern oder Kreppband unter den Schuhen kleben zu haben. So stand ich am dritten Tag entspannt in unserer Gemeinschaftsküche, um mir einen Milchkaffee zu machen, als ich plötzlich hinter mir eine männliche Stimme sagen hörte: »Na, wir sind jetzt wohl Nachbarn.« Zuerst glaubte ich an eine blöde Anmache irgendeines aufdringlichen Handwerkers, erinnerte mich dann aber, dass diese ja nicht mehr da waren, und schaute mir den Mann genauer an. Groß war er, ich schätzte so um die 185 bis 190 Zentimeter, etwa Ende 30, dunkelhaarig, sportliche Figur – und: kein Ehering. Sorry, aber als Singlefrau checkt man ziemlich schnell ab, ob ein Gegenüber vergeben ist oder nicht.

»Äh, Nachbarn?«, fragte ich.

»Ja, Nachbarn. Ich bin vom Architektenteam. Und Sie? Was machen Sie da drüben eigentlich genau? Irgendetwas mit Werbung, oder?« Ich nickte. »Genau, überwiegend Werbekataloge für Sportartikelhersteller«, antwortete ich und musste an meine beste Freundin Juliane denken. An unsere endlosen Singlefrauen-Gespräche und die Hoffnung auf die bekannte und viel zitierte Liebe auf den ersten Blick. Bingo! Ich hatte sie mal wieder gefunden. Denn zugegeben, ich habe mich schon immer ziemlich schnell verliebt, sozusagen binnen Sekunden, und dieser Typ war der neue Auserwählte. Ich taxierte ihn mit meinen Blicken, er hatte einen durchtrainierten Körper.

»Sportartikel, das klingt ja gut. Ich jogge nämlich. Sie bekommen nicht zufällig Prozente auf Sportklamotten?« Damit holte mich der Mann aus meinen Gedanken zurück. Klar, er joggte und wahrscheinlich machte er auch bei ganz anderen sportiven Betätigungen eine vorzeigbare Figur. Meine Gedanken schweiften ab und landeten beim Sex. Pardon, aber ich konnte nichts daran ändern. Ist doch auch natürlich, oder? Ich schaute mir seine Beine an, seinen Po, zumindest was ich davon sehen konnte, und dann seine Hände. Sie waren gepflegt, schöne, feine, lange Finger. Wie es wohl wäre, wenn …

»Ach, und wenn Sie Prozente bekommen, meine Zwillinge, Jungs, die bräuchten auch noch neue Turnschuhe.« – Autsch. Das tat weh! Abrupter hätte er mich nicht aus meinen Tagträumen zurückholen können. Was für ein Idiot und Mistkerl er war! Warum trug er auch keinen Ehering? Dann hätte ich mich gar nicht hinreißen lassen und hätte vielleicht gar nicht so weit gedacht.

»Zwillinge?«, fragte ich und hoffte, dass man meiner Stimme nicht anhörte, dass ich mich gerade wie ein beim Träumen ertapptes Schulmädchen fühlte. »Das ist ja nett. Äh, wie alt sind die beiden denn?« Ich spielte mit dem Henkel meiner Tasse und versuchte, nicht auf seine süßen Lachfalten zu starren, die nun noch stärker zum Vorschein kamen. »Sie sind sieben geworden und gerade in die Schule gekommen«, sagte er.

Großer Gott, ich kam mir vor wie in einem schlechten Film, Marke Billigporno. Während er mir von seinen süßen minderjährigen Jungs erzählte, dachte ich sozusagen an die »Produktion« von Kindern. »Ja, Zwillinge, das ist schon was. Am Anfang hatten meine Frau und ich ganz schön viel zu tun damit«, hörte ich ihn sagen, und ich glaubte nun nicht mehr Teil eines Softpornos zu sein, sondern eher in einem Horrorstreifen oder in einer Doku-Anleitung zum Thema »Wie Sie einer Grafikerin alle Träume rauben können«. Denn klar, so ein Mann hatte natürlich auch eine Frau.

Als sein Kollege in die Küche kam, verabschiedete ich mich. »Äh, ja, ich muss …«, sagte ich und stellte erfreut einen kühlen und nüchternen Ton in meiner

Stimme fest. Während ich rausging, hörte ich ihn noch hinter mir herrufen: »Ich bin übrigens der Thomas, der Tom …«

Als ich wieder an meinem Schreibtisch saß, kreisten die Gedanken in meinem Kopf. Auch später in der Straßenbahn und am Ende des Tages zu Hause. Herrje, egal ob Ehefrau und Kinder, ich wusste es und konnte doch nichts dafür: Ich war verliebt!

Klar, verliebt war ich schon viele Male zuvor gewesen. Das erste Mal mit neun Jahren, in einen Jungen, der zwei Schulbänke vor mir saß. Keine Ahnung, was aus ihm geworden ist. Dann mit 17 Jahren in Michael, mit 21 in Stefan, mit 22 in Andreas, mit 25 in Kai und Sven zugleich, mit 27 in Marc. Um es abzukürzen: Es hatte bereits einige Männer in meinem Leben gegeben. Doch nie war eine andere Frau mit im Spiel gewesen, geschweige denn ein Typ, der verheiratet war.

Und schon schoss mir der nächste Gedanke durch den Kopf: Darf ich mich überhaupt in einen verheirateten Mann verlieben? Bin ich nicht verpflichtet, gleich an etwas Abstoßendes zu denken, verschimmelte Leberwurstbrote zum Beispiel oder an etwas, was ich gar nicht mag, damit mir das Verliebtsein sofort vergeht? Tue ich seiner Frau nicht Unrecht? Nehme ich mir etwas, was mir nicht zusteht?

Schluss! Was machte ich mir überhaupt Gedanken, wenn ich noch nicht einmal wusste, ob der Mann mich überhaupt wahrgenommen hatte?

Er hatte, wie ich nur zwei Tage später deutlich

erkennen konnte. Tom und ich trafen uns im Büroflur. Mein Herz pochte laut und schnell, und vor Nervosität war ich wahrscheinlich knallrot angelaufen. »Hallo«, piepste ich wie ein aufgeregter Teenager. Tom grinste und sagte: »Na, schon an die Prozente gedacht und mir ein paar Schuhe besorgt?« Mist, eigentlich war ich mehr damit beschäftigt, meinen Puls runterzubringen, aber gegen seinen Charme war ich machtlos. »Schuhe? – Klar, alles in Arbeit. Ich meld mich«, meinte ich, leichten Schwindelgefühlen ausgesetzt, und ging in Richtung Toilette. Dort angekommen, schaute ich in den Spiegel und hätte mich am liebsten selbst geohrfeigt. Ich blöde Kuh, die 30 Jahre knapp überschritten, fiel bei diesem Typen doch glatt in pubertäre Zeiten zurück. Der hatte doch bestimmt gemerkt, dass ich ihm weit mehr besorgen würde als bloß die Turnschuhe! Verdammt. Dabei steht doch in allen Frauenzeitschriften, man solle die Unnahbare mimen, damit bei den Männern der Jagdinstinkt ausbricht.

Einige Stunden später merkte ich, dass es eben so ist, wie es ist. Ich stand an der Kaufhauskasse, hatte mein Lieblingsduschgel und -shampoo in der Hand, als hinter mir eine Stimme ertönte: »Überziehen wir hier die Mittagspause?«

Ich glaubte zuerst an Verfolgungswahn, doch als ich mich umdrehte, blickte ich tatsächlich in Toms dunkelblaue Augen. »Nö, das nehmen wir nicht so ernst«, presste ich hervor. »Na dann können wir ja noch einen Kaffee trinken gehen, oder?«, schlug Tom vor, und ich nickte. »Klar, gerne.«

Wir plauderten über den Job, über das Bürogebäude, über die mangelnden Möglichkeiten, mittags gut essen zu gehen, das Wetter und die vorbeilaufenden Leute. Es war nett, und ich glaube, in diesem Moment war uns beiden klar, dass es einmal so kommen würde, wie es drei Tage später, an einem Freitag, kam.

Tom fing mich im Büroflur ab. »Haben Sie heute Abend schon etwas vor? Ich suche nämlich noch dringend eine charmante Begleitung, die mir etwas über die neuesten Sportschuhe erzählt und mir beim Essen Gesellschaft leistet …«

Ich dachte an seine Ehefrau. Ob sie verreist war? Oder war sie vielleicht krank? Hatten sie sich gestritten? Ob er wohl oft mit anderen Frauen essen ging? Vielleicht hatte er sich ja auch von seiner Ehefrau getrennt?

Absurd, was einem in wenigen Sekunden alles durch den Kopf gehen kann. »Klingt gut, das Essen zumindest. Aber ich denke, für Fragen über Sportschuhe bin ich leider die Falsche. Schade, aber ich kann Ihnen da meinen Kollegen empfehlen.« Na bitte, ich war stolz auf mich. Schlagfertig und mit ein wenig Witz gekontert. Wir mussten beide grinsen und einigten uns auf 20 Uhr, um bei einem Italiener im Hafenviertel zu essen.

Der Abend wurde sehr schön. Natürlich hatte ich

vorher meine Freundin Juliane zu mir beordert und mich mindestens viermal umgezogen. Am Ende landete ich aber doch bei einer schwarzen Stoffhose mit leichtem Schlag und einer schwarzen Bluse – klassische Kleidungsstücke, in denen ich mich zudem wohl fühlte. Zum Glück hatte Tom mittags einen Tisch reserviert, das Restaurant war rappelvoll. Wir redeten wieder über unsere Jobs, über Italiener und ihre Kochkünste, über unsere Kindheit und den Hang zu Spaghetti mit Tomatensoße. Irgendwann erwähnte Tom in einem Nebensatz, dass seine Frau mit den Kindern übers Wochenende zur Oma gefahren sei, und erzählte dann weiter von der angenehmen Ruhe im Haus, endlich einmal Computerspiele, Lesen, Ausschlafen und so weiter. Ehrlich gesagt, habe ich ihm zu diesem Zeitpunkt schon nicht mehr so genau zugehört. Ich war mit meinen Gedanken längst dort angekommen, wo wir nach einer Flasche Rotwein beim Italiener, einem Absacker-Drink in der benachbarten Bar und der folgenden Taxifahrt zu mir nach Hause auch landeten – im Bett.

Für mich war es eigentlich von vornherein klar gewesen, dass es passieren würde. Ich habe nicht großartig überlegt. Warum denn auch? Wegen seiner Frau? Wirklich, ich kenne sie nicht. Aber ich kenne mich. Ich bin eine unabhängige, freiheitsliebende Frau und dank der *Bravo*, ein paar guten Freundinnen und ordentlichem Biologieunterricht ausreichend aufgeklärt. Ich mag Sex. Ich genieße das Gefühl von fremden Händen auf meiner Haut, genieße es, wenn der Kopf auf Leerlauf schaltet und Denken nicht mehr möglich ist. Sich nur noch fallen lassen, am Ende erschöpft und zufrieden in die Bettdecke kuscheln und feststellen: Das Leben ist schön. Wissen, dass der andere Gleiches denkt und dass beide glücklich sind. Warum sollte ich das mit Tom nicht dürfen? Wegen seiner Frau? Für einen Moment, wirklich nur für einen kurzen, habe ich an sie gedacht, aber dann siegte der Gedanke: Wenn ich es mit Tom nicht mache, macht es eben eine andere. Und bitte, da ich auch gerne Sex habe, wäre ich schön blöd, wenn ich mir so einen Mann entgehen lassen würde. Wirklich, manchmal ist es einfach gut, ein bisschen mehr an sich selbst zu denken und sich etwas zu gönnen.

Also hatten wir Sex, und schon beim Einschlafen war mir klar, dies war kein bloßer One-Night-Stand. Wäre er auf dem Laken ein absoluter Loser gewesen, hätte ich ihm vielleicht eine zweite Chance verwehrt. Er war es aber nicht, und so genoss ich gleich beim Aufwachen das nächste Mal. Ich bin nicht die Frau, die ausschweifend über irgendwelche Stellungen und Techniken, Orgasmen oder die Länge und Breite seines … – egal, das behalte ich lieber für mich und ziehe einfach das Fazit: Es war Wahnsinn!

Trotzdem schwirrten mir samstags, als ich nach dem Frühstück die Tür hinter Tom schloss, einige Fragen durch den Kopf:

War ich die Erste, mit der er seine Frau betrogen

hatte? Wird er es ihr erzählen? Schläft er noch mit seiner Frau? Wie ist wohl der Sex mit ihr? Auch wenn ich über ein gesundes Selbstbewusstsein verfüge, kann ich nicht leugnen, dass die Gedanken daran mir ein komisches Gefühl in der Magengegend bescherten. Leider verselbstständigen sich Gedanken ja gerne, und daher konnte ich mich nicht dagegen wehren, mir Tom und sie – eine Mischung aus Moderatorin Nina Ruge und Schauspielerin Veronica Ferres, ich weiß auch nicht, wie ich darauf kam – im Bett vorzustellen. Wie sie beide nackt daliegen und … nein! Ich hatte wahnsinnig guten Sex mit einem wahnsinnig tollen Mann. Ich lebe in einer hübschen Wohnung, ich habe nette Freunde und einen guten Job. Warum sollte ich mir das Leben mit solchen Fragen und intensivem Nachdenken unnötig schwer machen? Zumal sich die wichtigste Frage, ob wir uns wohl wiedersehen würden, erübrigte. Denn selbstverständlich sahen wir uns wieder, wenn auch erst am folgenden Montag im Büro.

Es war etwas komisch, als wir uns gleich morgens in der Küche begegneten. Was würde er sagen? Was sollte ich sagen? Würde überhaupt einer von uns etwas sagen? Schon wieder hatte ich vorher zu viel gegrübelt. Denn natürlich sagte er etwas: »Gehen wir heute Mittag zusammen essen?« Ich grinste. »Klar, gerne.«

Zum Glück gibt es bei uns im Büro nicht so einen Herdentrieb, der dazu führt, dass alle zusammen zu irgendeiner Futterstelle losziehen. So konnte ich mich einfach gegen 13 Uhr von meinen Kollegen verabschieden, und Tom und ich trafen uns in einem kleinen Bistro. Warum auch nicht? Keiner konnte sich darüber wirklich das Maul zerreißen. Schließlich waren Tom und ich ja so etwas wie Kollegen.

Zu meinem Erstaunen redete Tom gar nicht lange um den heißen Brei herum. Ich hatte gedacht, er würde vielleicht etwas von einem Ausrutscher erzählen, würde sagen: »Bitte versteh, ich bin verheiratet«, doch er sagte nichts dergleichen. Stattdessen zog er zwei Theaterkarten hervor und meinte nur: »Donnerstag um 20 Uhr. Shakespeares Sommernachtstraum. Wir können ja vorher noch bei dir kochen.« Kein Wort über seine Frau, kein Wort über das Wochenende, kein Wort über seine Kinder. Und er machte erst recht nicht den Versuch, irgendetwas als ungeschehen hinzustellen. Keine Frage: Der Mann machte mich sprachlos, und verzückt nahm ich die Theaterkarten an mich.

Am selben Abend war ich mit Juliane verabredet. Natürlich hatte ich ihr das Wichtigste bereits samstags am Telefon erzählt, aber bei einem Gläschen Wein und Tapas lässt es sich viel netter quatschen. Ich erzählte und erzählte, und am Ende meinte Juliane nur: »Dann biste jetzt ja eine Geliebte!«

Wir mussten beide erst grinsen und dann laut lachen.

Von der Lust zu lieben

Eine Frage, die Psychologen, Verhaltensforscher, Biologen, Philosophen, Neurologen – kurzum, die Wissenschaft – und Menschen im Allgemeinen beschäftigt, lautet: Was ist eigentlich Liebe?

Es ist ein unbeschreibliches Gefühl, heißt es manchmal, begleitet von Kribbeln im Bauch und Herzflattern. Andere wiederum sagen gar nichts, schweigen und grinsen scheinbar wissend.

Aus Sicht der Forschung

Die neuere Forschung spricht in Sachen Liebe mehrheitlich eher nüchtern von einem »multidimensionalen Konstrukt«. In diesem Konstrukt bilden sich die Einstellungen, Gefühle und Verhaltensweisen einer Person gegenüber einer Zielperson ab.

Genauer untersucht hat dieses Phänomen der kanadische Soziologe John Alan Lee. Aus der Analyse literarischer und philosophischer Texte sowie den Ergebnissen verschiedener Befragungen leitet er folgende sechs Liebesformen ab:

Romantische Liebe (Eros)

Gemeint ist hiermit die Liebe auf den ersten Blick, bei der der Partner der Idealvorstellung, also dem

Bild vom »Traummann« beziehungsweise von der »Traumfrau«, entspricht. Die romantische Liebe basiert stark auf der erotischen Anziehung und der emotional-physiologischen Intensität des Erlebens.

Spielerische Liebe (Ludus)

Wie die Begrifflichkeit schon sagt, wird diese Form der Liebe als ein Spiel betrachtet, bei dem weder tiefe Gefühle noch die Bindung an einen einzelnen Partner eine große Rolle spielen. Im Vordergrund steht vielmehr die Verführung und sexuelle Freiheit. So besitzt diese Form der Liebe keine Zukunftsperspektive, sondern beschränkt sich auf das Hier und Jetzt.

Freundschaftliche Liebe (Storge)

Sie entwickelt sich oftmals aus einer langen freundschaftlichen Vertrautheit heraus. Dabei bilden ähnliche Interessen der Partner und gemeinsame Unternehmungen die Basis der Beziehung. Die Sexualität hat keine zentrale Bedeutung.

Besitzergreifende Liebe (Mania)

Dieser Liebe liegt ein dominierendes und verzehrendes Gefühl zugrunde. Alles dreht sich um den Partner. Der auf diese Weise Liebende ist sehr eifersüchtig, verlangt nach der ständigen Aufmerksamkeit des Partners und leidet, wenn diese ausbleibt.

Pragmatische Liebe (Pragma)

Im Vordergrund stehen hier weniger Emotion und Sexualität. Es geht vielmehr um pragmatische Überlegungen sozialer, finanzieller oder möglicherweise auch religiöser Art. Der Partner wird anhand dieser ausgesucht und an ihnen gemessen, sie können ebenso dazu führen, dass ein Partner als nicht passend eingestuft wird.

Altruistische Liebe (Agape)

Alles dreht sich bei diesem Liebesstil um das Wohlergehen des Partners. Für ihn in selbstloser und aufopfernder Weise da zu sein und ihn zu unterstützen ist für den in dieser Form Liebenden erfüllend und belohnend.

Doch liegt in den meisten Fällen nicht eine einzelne Form der Liebe vor, sondern es kommt zu Kombinationen und Entwicklungen der Liebesformen – beispielsweise kann die romantische Liebe von Beginn an sehr pragmatisch angelegt sein und sich später zu einer äußerst besitzergreifenden Liebe entwickeln. Erst die gegebenenfalls wirren Verknüpfungen von Liebesformen und die unbeantwortete Frage, wieso man diesen und keinen anderen Partner gewählt hat, machen die Liebe zu jenem phänomenalen und eigentlich unbeschreiblichen Gefühl. Der Literat Franz Kafka (1883–1924) versuchte trotzdem, die Liebe zu beschreiben, und kam zu einem charmanten

Vergleich: »Liebe ist alles, was unser Leben steigert, erweitert und bereichert. Nach allen Höhen und Tiefen. Die Liebe ist so unproblematisch wie ein Fahrzeug. Problematisch sind nur die Lenker, die Fahrgäste und die Straße.«

Männer und Liebe

Als wäre es nicht schon verwirrend genug, dass Liebe nicht gleich Liebe ist, lieben Männer und Frauen auch noch auf verschiedene Arten. Die Ursache dafür liegt im Gehirn, sagt Ruben Gur von der University of Pennsylvania in Philadelphia. Der Psychologe und Neurologe untersuchte gemeinsam mit seiner Frau Raquel, ebenfalls Psychologin, das Limbische System des menschlichen Gehirns. Das ist jener Gehirnbereich am Rand der Großhirnrinde, der sämtliche Reizeinwirkungen auf alle menschlichen Sinneskanäle verarbeitet. So löst das Limbische System zum Beispiel Emotionen aus wie Furcht und Zuneigung, initiiert Trieb- und Instinkthandlungen und sorgt für Gefühlstönungen. Genau in diesem System gibt es einen Bereich, der *Gyrus cinguli* genannt wird und der, so die beiden Gurs, für die Paarbindung des Menschen besonders wichtig ist. Dieser ist bei Frauen wesentlich ausgeprägter als bei Männern. Vor dem Hintergrund dieser Forschungsergebnisse kommen die Psychologen zu dem Schluss: Frauen haben eine stärkere Fähigkeit zur Liebe im Sinne von Bindung und Engagement.

Aber damit nicht genug: Aufgrund der Tatsache, dass der *Gyrus cinguli* nahe den Sprachzentren liegt, können Frauen auch besser über ihre Gefühle reden, folgert das Forscherehepaar weiter.

Als ob wir Frauen dies nicht schon lange wüssten! Männer sind Muffel, wenn es um das Reden über Gefühle geht, und haben in Sachen Bindung und Engagement häufig arge Defizite. Viel lieber, als sich möglichen verbalen Auseinandersetzungen zu stellen, halten es einige Herren wie ihre steinzeitlichen Vorfahren und sind wahre Profis, was das Jäger-und-Sammler-Verhalten angeht: Etliche von ihnen suchen laufend nach neuen Errungenschaften und können auch gar nichts dagegen unternehmen – so entspricht es ihrer Geschichte, die ihren Anfang irgendwann vor vier Millionen Jahren genommen hat.

Damals, so der britische Evolutionsforscher Ralph Drury, lebten die Männer als Jäger und hatten weder die Zeit noch die nötige Aufmerksamkeit, um sich ausdauernden Sex zu leisten. Es gab kein Vorspiel, kein Nachspiel, keine spektakulären Orgasmen, keine besondere Frau. Den Grund hierfür sieht Drury darin, dass die Jäger tagelang allein unterwegs waren. Wenn die Triebe sie drängten, mussten sie sie auf unsentimentale und schnelle Weise befriedigen. Mit diesem Wissen im Hinterkopf sind Ralph Drury und andere Forscher zu der Ansicht gelangt, dass männlicher Sex noch heute mehr mit Masturbation zu tun hat als mit Partnerschaft – und das fängt schon beim Verlieben an. Die amerikanische Psychologin Ellen Fein ist ähnlicher Ansicht: Männer sind wirklich anders gepolt als Frauen, denn sie wollen sofort Sex. Erst wenn sich die Herren der Schöpfung Mühe geben, entwickelt sich Liebe.

Und? Irgendwie haben wir Frauen das doch schon geahnt, wenn nicht gar gewusst. Trotzdem: Sollten wir deswegen Männer grundsätzlich meiden? Sie lange zappeln lassen und erst einmal einen großen Bogen um sie machen? Mitnichten – und selbst wenn wir dies tatsächlich wollten, wäre es nicht möglich.

Amors Pfeile – Gegenwehr ist zwecklos

Frauen verlieben sich in Sekundenschnelle. Dagegen können auch Sie, liebe Leserin, sich nicht wehren. Kirsten Kruck vom Max-Planck-Institut für Verhaltensphysiologie in Andechs untersuchte in einer Studie das Verhalten von 713 Frauen, zum Beispiel in Discos und Kneipen, und beobachtete dabei deren Vorgehensweise in Sachen Männermusterung. Krucks Fazit: Frauen brauchen nur vier Minuten, um ein Urteil über einen männlichen Vertreter zu fällen. Vier Minuten, nach denen Frauen wissen, was sie wollen, vier Minuten, die sich fein säuberlich nachvollziehen lassen …

1. bis 100. Millisekunde: Alles, was Sie als Frau in diesen Momenten wahrnehmen, sind Lichtpunkte. Diese werden von den Nervenzellen in Nachrichten umgewandelt und an Unterabteilungen des Gehirns, die unter anderem für Angst, Hunger, Paarung und Erregung zuständig sind, weitergeleitet. Diese Informationen werden mit den gespeicherten Daten bezüglich eigener Erfahrungen und Wünsche verglichen, zum Beispiel: Ist der Mann im richtigen Alter? Was hat er für eine Figur? Ist er attraktiv?

101. bis 110. Millisekunde: Die gefilterten Botschaften sind Auslöser für Emotionen. Der ganze weibliche Körper ist nun auf Höchstleistung eingestellt: Adrenalin wird freigesetzt, die Pupillen weiten sich, der Blutdruck steigt, das Lustzentrum wird aktiviert.

111. Millisekunde bis 1. Minute: Die Flirtphase kann beginnen. Sie pirschen sich näher an den Mann heran, um seine Person genauer zu inspizieren. Sie haben seine Daten (Haarfarbe, Kleidung etc.) in Ihren Langzeitspeicher aufgenommen und würden ihn auch nach einigen Wochen wiedererkennen.

1. bis 3. Minute: Nun werden die körperliche Erscheinung und das Verhalten des Mannes unter die Lupe genommen. Viele Frauen bevorzugen – so die Untersuchung – einen Mann mit knackigem Po, ausgeprägter Kinn-Mund-Partie und lockeren Bewegungen.

Geht es dann in die Kategorie »Smalltalk« über, achten 55 Prozent der Frauen zunächst auf Mimik, Gestik und Körperhaltung. Tonfall, Aussprache und Sprechgeschwindigkeit sind zu 38 Prozent von Bedeutung, und nur sieben Prozent macht der Inhalt aus.

3. bis 4. Minute: Sie haben sich entschieden, ob der Mann für Sie als Liebespartner infrage kommt oder nicht. Außerdem glauben Sie zu wissen, ob der Inspizierte ehrgeizig, geizig, sanft oder kinderlieb ist.

Vier Minuten oder 240 Sekunden, in denen das Gehirn automatisch arbeitet und alles so blitzschnell seinen Gang nimmt, dass jede Gegenwehr zwecklos ist. Selbst wenn Sie versuchen würden, den Vorgang in den Griff zu bekommen, gelänge es Ihnen nicht. Sie verlieben sich in den Mann, der Ihnen gefällt. Und dabei zählen in den ersten Sekunden sein Aussehen, sein Geruch, seine Stimme – kurzum: die gesamte äußere Erscheinung des Mannes inklusive seines Auftretens –, und ganz sicher nicht die Fragen: »Hast du eine Freundin?«, oder: »Bist du verheiratet?« Derartiges interessiert die Liebe zumeist nicht. Sie sucht sich bekanntermaßen ihren eigenen Weg, kennt dabei keine Hürden und Grenzen und führt somit auf ihrer Angebotsliste auch liierte Männer.

Dass es Geliebte gibt, dass es Männer gibt, die mehrere Frauen lieben, ist eine Tatsache, die einige Völker als selbstverständlich betrachten, weshalb sie die Polygamie erlauben. Sie können die Aufregung darüber in den westlich orientierten Ländern gar nicht verstehen. Genauer gesagt, sind es hauptsächlich afrikanische und arabische Gesellschaften, in denen dem Mann das Recht eingeräumt wird, mit mehreren Frauen gleichzeitig zusammenzuleben.

Da ist es wieder, das Phänomen der Liebe – und die liebe Last mit ihr. Immer wieder aufs Neue sind es die alten Fragen, die für Diskussionen sorgen: »Gibt es nur eine große Liebe im Leben?«, »Können Frauen und Männer Freunde sein, ohne sich zu lieben?«, oder: »Funktioniert Sex ohne Liebe und Liebe ohne Sex?« Viele davon bleiben unbeantwortet – zum Glück. So bleibt die Liebe weiterhin ein schönes, fast unerklärliches Phänomen.

Einige Menschen wollen sich trotzdem mit dem Unerklärlichen der Liebe und ihrer Unberechenbarkeit nicht abfinden und versuchen, diesem Gefühl auf den Grund zu gehen. Wiederum andere machen Geschäfte mit der Liebe. So gibt es zum Beispiel Partnervermittlungsagenturen, Büros für organisierte Seitensprünge und etliche Fernsehshows, in denen sich Paare finden sollen und später hoffentlich lieben lernen. Auch wenn dies durchaus seinen eigenen Reiz haben mag, wünschen sich die meisten Menschen doch etwas anderes: Plötzlich von Amors Pfeil getroffen zu werden und vor lauter Liebestaumel nicht mehr klar denken zu können. Kein Richtig und Falsch mehr zu kennen und kein Morgen, sondern nur noch das Heute zu sehen. Jeder, der versucht, beim Prozess des Verliebens den Kopf einzuschalten, jeder, der die Liebe zu sehr überdenkt, sie anzweifelt oder gar ablehnt, lässt sich das Schönste im Leben entgehen: Die Liebe – zu lieben und geliebt zu werden!

Geliebte und ihre Geschichten

Die Anzahl der Geliebten in der Vergangenheit ist gewaltig, und es dürfte kein Zweifel daran bestehen, dass es auch immer wieder Geliebte geben wird. Nicht selten schrieben diese Frauen, gerade weil sie Geliebte waren, Geschichte. Hier eine kleine Auswahl:

Kleopatra

Vielleicht war es so etwas wie Liebe auf den ersten Blick, vielleicht funkte es aber auch erst später. Fakt ist, dass es im Jahr 48 vor Christus in Alexandria geschah: Dort trafen sich Kleopatra VII. und der römische Feldherr Cäsar zum ersten Mal. Cäsar war hingerissen von der damals 21-jährigen Schönheit. Obwohl mit Calpurnia verheiratet, versuchte er erst gar nicht, seine Gefühle für Kleopatra zu verheimlichen, und lud sie ein Jahr später zu einer kleinen Liebesreise auf dem Nil ein. Die Beziehung entwickelte sich und war mehr als nur eine heiße Affäre. So folgte Kleopatra 46 vor Christus Cäsar nach Rom und lebte dort als seine Geliebte. Sie gebar ihm einen Sohn, den sie Cäsarion nannte.

Als Cäsar im Jahr 44 vor Christus ermordet wurde, kehrte Kleopatra in ihre Heimat Ägypten zurück. Dort regierte sie mit dem jungen Cäsarion und wurde wieder eine Geliebte: von Marcus Antonius. Der damalige Beherrscher des Ostens war eigentlich mit Fulvia verheiratet, als er Kleopatra begegnete und ihren Reizen sofort erlag. Kleopatra und Antonius bekamen Zwillinge. Selbst als Fulvia starb und Antonius aus taktischen Gründen die Schwester seines Gegenspielers Octavian heiratete, blieb Kleopatra seine Geliebte. Schließlich ließ Antonius sich von seiner Ehefrau Octavia scheiden, um 37 vor Christus seine Geliebte Kleopatra heiraten zu können. Octavian war erbost, sagte Antonius den Kampf an und schickte die Flotte Roms und Heeresverbände gegen Ägypten. Bis in die Nacht hinein sollen die Kämpfe gedauert haben, die schließlich mit Antonius' Niederlage endeten.

Das Drama nahm seinen Lauf: Sieger Octavian zwang Antonius zum Selbstmord und sperrte Kleopatra in ihren Palast, wo sie streng bewacht wurde: Sie sollte keinen Märtyrertod sterben dürfen. Daher wurden alle scharfen und spitzen Gegenstände aus ihren Gemächern entfernt. Trotz aller Vorkehrungen aber gelang es einer Dienerin Kleopatras, eine Giftschlange einzuschmuggeln. Mit dem Biss der Schlange endete im Jahr 30 vor Christus die letzte Dynastie in Ägypten.

Unter ihrem richtigen Namen Jeanne Antoinette Poisson dürfte sie den meisten weniger geläufig sein, als Madame Pompadour hatte diese Geliebte fast 20 Jahre großen Einfluss auf die französische Politik.

Geboren wurde Jeanne Antoinette am 29. Dezember 1721 als Tochter eines Lebensmittelhändlers. Ein gesellschaftlicher Status, mit dem sich die junge Frau nicht zufrieden geben wollte. Schön wie sie war, verdrehte sie bei einem Ball im Pariser Hôtel de Ville kurzerhand dem französischen König Ludwig XV. den Kopf. Eigentlich war der König mit Maria Leszczynska, der Tochter des entthronten polnischen Königs Stanislaus I. Leszczynski verheiratet. Doch das hinderte Ludwig nicht, Jeanne Antoinette 1745 an seinen Hof zu holen. Innerhalb kurzer Zeit wurde die junge Frau nicht nur die Lieblingsmätresse des Königs. Sie wurde zudem geadelt und erhielt den Titel einer Marquise de Pompadour, benannt nach dem Gut Pompadour, das ihr der König gekauft hatte.

Doch die junge Frau sollte noch mehr erreichen. So fungierte die Marquise de Pompadour als Vermittlerin zwischen den Ministern und dem König und war an den Bündnisverhandlungen beteiligt, die im Siebenjährigen Krieg zu der Koalition von Frankreich und Österreich führten. In dieser Zeit war Madame Pompadour mächtiger denn je. Ihr Einfluss erstreckte sich sogar auf die Ernennung von Heerführern, und kein Minister wagte es, ihr zu widersprechen. Madame Pompadour starb am 15. April 1764 an Tuberkulose.

Marilyn Monroe

Eine unglückliche Kindheit, Liebesaffären mit berühmten Männern, ein kometenhafter Aufstieg und mit 36 Jahren ein mysteriöser Tod. Als Norma Jean Baker, besser bekannt als Marilyn Monroe, in den frühen Morgenstunden des 5. August 1962 stirbt, wird sie zu einer Legende. Grund hierfür ist sicherlich einerseits, dass sie in Hollywood-Klassikern wie *Blondinen bevorzugt* (1953), *Wie angelt man sich einen Millionär* (1953) oder *Manche mögen's heiß* (1959) glänzte. Andererseits aber auch, dass sie schön war und einen Stil prägte, der Jahrzehnte später von Stars wie Madonna kopiert und von Elton John besungen wurde. Und zur Legende wurde sie auch, weil Marilyn die Antworten auf zwei Fragen mit ins Grab nahm: War es Selbstmord oder Mord? Starb Marilyn Monroe, weil sie eine Geliebte war?

Die Beziehung von Marilyn Monroe zu den Kennedy-Brüdern ist heute ein offenes Geheimnis. Besonders zu Robert Kennedy, dem damaligen Justizminister und Ehemann von Ethel Skakel, soll die Monroe eine intensive Verbindung gehabt haben – enger noch als zu US-Präsident John F. Kennedy. Allerdings soll es zwischen Robert Kennedy und Marilyn Monroe gekriselt haben, und Gerüchten zufolge beendete Robert die Beziehung. Daraufhin soll die Schauspielerin mehrmals versucht haben, Robert Kennedy im Weißen Haus zu erreichen. Doch ihre Anrufe wurden meist gar nicht erst durchgestellt. In verzweifelter Wut soll sie dann angekündigt haben, am 6. August um 11 Uhr eine Pressekonferenz einzuberufen, in der sie aller Welt berichten wolle, dass sie Robert Kennedys Kind abgetrieben und mit seinem Bruder John eine Affäre gehabt habe. Weiterhin soll sie gedroht haben, geheime Pläne der CIA und der Mafia zu enthüllen, in denen es angeblich um die Ermordung Fidel Castros ging. Als Robert Kennedy dies zu Ohren kam, soll er sofort zu Marilyn geeilt sein. Augenzeugenberichten zufolge betrat Robert Kennedy das Haus der Monroe am frühen Samstagabend, den 4. August 1962. Dort soll es zu einem heftigen Streit zwischen den beiden gekommen sein, und Kennedy verließ das Haus. Ein paar Stunden später war Marilyn Monroe tot.

Sie starb, so heißt es, an einer Überdosis Schlaftabletten. Ihr nackter Körper lag mit dem Kopf nach unten auf dem Bett, während eine Hand den Telefonhörer fest umklammert hielt. Neben dem Bett fand man leere Schlaftablettenröhrchen.

Alles deutete auf einen Selbstmord hin, doch die Beweise, die seither gefunden wurden, scheinen dem zu widersprechen. Es stellte sich heraus, dass Marilyns Haushälterin und zwei Ärzte vier Stunden lang gewartet hatten, bevor sie die Polizei verständigten. Auch schien die Position, in der die Leiche gefunden wurde, unnatürlich, es sah aus, als habe jemand den nackten Körper so hingelegt. Damit nicht genug: Die Gerichtsmediziner stießen ebenfalls auf Ungereimtheiten. Dr. Keith Simpson, ein führender Experte auf dem Gebiet der Gerichtsmedizin bei der britischen Regierung, merkte an, dass der Barbituratgehalt in Blut und Leber von Marilyn Monroe so hoch gewesen sei, dass auch ihr Magen Rückstände der Kapseln hätte enthalten müssen. Doch derartige Befunde gab es nicht.

Übrigens war John F. Kennedy nicht der erste US-Präsident, der eine Geliebte hatte. Auch Franklin Roosevelt, von 1933 bis 1945 Präsident der Vereinigten Staaten, führte eine außereheliche Beziehung. Im Jahr 1913 wurde Lucy Mercer seine Geliebte, die Privatsekretärin seiner Frau Eleanor. Fünf Jahre später entdeckte Eleanor Liebesbriefe und drohte Berichten zufolge mit der Scheidung. Roosevelt versprach, die Affäre zu beenden. Später soll Mercer aber wieder in sein Leben getreten sein und ihn vor seinem Tod am Krankenbett besucht haben.

Und natürlich erinnern wir uns alle an die Geliebtenbeziehung, die 1998 um die Welt ging: zwischen Präsident Bill Clinton und Monica Lewinsky, einer Praktikantin im Weißen Haus.

Es geschah auf einem Ball in Venedig. Die bekannte Sopranistin Maria Callas war 33 Jahre alt und ein gefeierter Opernstar, als sie am 3. September 1957 dem damals 53-jährigen Tankerkönig Aristoteles Onassis zum ersten Mal begegnete. Die beiden waren sich auf Anhieb sympathisch, und hatte Onassis bisher wenig Interesse an der Oper gezeigt, reiste er nun extra zu einer Medea-Premiere nach London. Bei dieser Gelegenheit lud er Maria Callas nebst Ehemann Battista Meneghini zu einer Kreuzfahrt auf seine Luxusyacht *Christina* ein. Die Reise begann am 22. Juli 1959. Mit dabei waren Sir Winston Churchill und seine Frau Clementine sowie Onassis damalige Ehefrau Tina. Niemand weiß genau, was auf der *Christina* geschah, doch als die Gruppe drei Wochen später von Bord ging, waren Maria Callas und ihr Gastgeber Onassis ein Liebespaar. Die Callas verließ ihren Ehemann, um mit Aristoteles Onassis zusammenzuleben. Als der Grieche Ende 1960 geschieden wurde, spekulierten viele über eine baldige Hochzeit der beiden.

Die Diva trat in den folgenden Jahren seltener auf, und oftmals enttäuschte ihre kraftlos gewordene Stimme. Es hieß, sie habe ihre Karriere der Leidenschaft geopfert, wobei Onassis ihr dieses Opfer mit zunehmender Kälte dankte. Aus der romantischen Heirat in Weiß wurde auch nichts. Stattdessen gab Onassis im Oktober 1968 seine Vermählung mit

Jacqueline Kennedy bekannt, und angeblich war die Callas über diese Verkündung nicht weniger überrascht als die Weltöffentlichkeit. Die Nachricht stürzte sie in tiefe Verzweiflung. Zumal, so schreibt der amerikanische Autor Nicholas Gage in seinem Buch *Griechisches Feuer* (Blessing 2001), es ein großes Geheimnis zwischen Onassis und der Callas gab, das sie verband. Acht Monate nach der schicksalhaften Kreuzfahrt auf der *Christina* soll Maria Callas einen Sohn zur Welt gebracht haben. Der zu früh geborene Säugling starb wenige Stunden nach der Entbindung.

War es also die Trauer um den Verlust des Kindes und dazu die Erkenntnis, den geliebten Mann verloren zu haben? Von mehreren Selbstmordversuchen ist die Rede, und als Maria Callas im September 1977 in ihrer Pariser Wohnung einer Herzattacke erlag, sagte man, sie sei an gebrochenem Herzen gestorben.

Ulla Kock am Brink

Als westfälische Frohnatur wurde die Moderatorin Ulla Kock am Brink bekannt. Die blonde Strahlefrau des deutschen Fernsehens zeigte sich in ihren Shows wie der *Lotto SHOW* und der *100 000 Mark Show* immer gut gelaunt.

Angefangen hatte ihre Geliebtenbeziehung wohl im Jahr 2001. Ulla Kock am Brink, geboren 1961, und der zehn Jahre ältere TV-Produzent Theo Baltz verliebten sich. Dies wäre nichts Besonderes und in der Presse nicht so breitgetreten worden, wenn nicht Theo Baltz der Mann von ARD-Moderatorin Sabine Christiansen und Ulla Kock am Brink nicht auch verheiratet gewesen wäre. Mehrere Monate, so berichtete die Zeitung *Die Welt* am 17. September 2001, soll die Affäre von Ulla Kock am Brink und Theo Baltz gedauert haben, bevor Baltz im Herbst 2001 seiner Frau nach sieben Jahren Ehe die Beziehung beichtete.

Plötzlich gab es einen großen Wirbel um die Geliebte Kock am Brink. Etliches wurde daraufhin in Zeitungen geschrieben, sie wurde zum Beispiel als »Heuchlerin« und »Ehebrecherin« tituliert (*Bild* Ausgabe 224/2001). Kein Wunder, dass sie sich mit dem neuen Mann an ihrer Seite erst einmal in ein Haus in Potsdam zurückzog. Manchmal ist das eine gute Lösung. Bald wuchs Gras über die Sache, und die Aufregung legte sich. So erzählte Ulla Kock am Brink am 17. Dezember 2002 in der *Bild*-Zeitung (Ausgabe 294/2002) von ihrem Leben nach dem Geliebtenleben: »Das alles hat mich sehr viel Kraft gekostet. Es war eine sehr, sehr schwere Zeit. Aber ich habe es mittlerweile ganz gut überstanden. (...) Ich lade nicht eine Schuld auf mich, die andere mir geben wollen. (...) Es gibt Details, die ich bereue. Allerdings in der wichtigsten Sache habe ich keinen Fehler gemacht. Ich habe den Mann gefunden, den ich liebe.«

Rosi Salioni

Die gleiche Einstellung hatte auch Rosi Salioni, ein in Hamburg lebendes brasilianisches Model, die zum Erstaunen der Öffentlichkeit am 27. November 2001 in der *Bild*-Zeitung auftauchte. Auch sie liebte einen verheirateten Mann, Ottmar Hitzfeld, den Trainer des FC Bayern. Drei Jahre lang hatte die damals 28-jährige Rosi ein Verhältnis mit dem Fußballtrainer. Ottmar Hitzfeld ist seit 1975 mit Ehefrau Beatrix verheiratet, bekannte aber nach Rosis Enthüllungen ebenfalls in der *Bild*-Zeitung: »Ja, es stimmt«, und fügte hinzu: »Ich habe ihr immer gesagt, dass ich meine Familie nicht verlassen werde.« Daran hielt sich Hitzfeld auch, als Rosi Salioni schwanger wurde und das Kind abtreiben ließ. Ihre Begründung: »Ich habe es aus Liebe getan. (...) ich wollte ihn nicht verlieren.« (*Bild*-Ausgabe 277/2002) Hitzfeld beichtete seiner Ehefrau die außereheliche Beziehung und verließ seine Geliebte.

Nicole Geyer

Nicole Geyer war die Geliebte von Schlagerstar Roberto Blanco, mit dem sie einen gemeinsamen Sohn hat. Sie selbst beendete die Beziehung. Warum und wie einst alles kam, erzählte sie Anfang des Jahres 2003 der Zeitschrift *Neue Revue*. Nach ihren Worten lernten sich die beiden bei einer Tournee 1998 kennen. Nicole Geyer war damals 26 Jahre alt und arbeitete als Werbe-Hostess. Roberto und sie trafen sich hinter der Bühne und dann später in einem chinesischen Lokal in Frankfurt. Drei Tage verbrachten sie in Frankfurt und »dann fragte mich Roberto feierlich, ob ich seine Geliebte werden möchte. Ich habe ›Ja‹ gesagt«, erinnert sich Nicole Geyer. Sie war glücklich. Ob Nicole wusste, dass Roberto verheiratet war oder nicht, wird ihr Geheimnis bleiben. Auf jeden Fall verließ Nicole Geyer ihren Roberto: »Zum Schluss passte nichts mehr zusammen. Ich liebe Roberto nicht mehr als Mann. Aber als Vater meines Kindes werde ich ihn ewig lieben.« (*Neue Revue* Ausgabe 2/2003)

Verena K.

Sie ist blond, sie ist jung und der Grund, warum Nationaltorhüter Oliver Kahn das Bettenlager wechselte – Verena K. Sie traf den FC-Bayern-Keeper in der Münchner Nobel-Disco »P1«, wo sie als Barbedienung arbeitete. Was nach dieser Begegnung geschah, füllt im Frühjahr 2003 die Zeitungen und Zeitschriften. Eine Zeit, in der Kahns Ehefrau Simone – die beiden sind seit 1986 ein Paar und seit Juli 1999 verheiratet – hochschwanger das zweite Kind erwartet. Als Sohn David am 7. März gesund zur Welt kommt, gibt es weitere Schlagzeilen. Die Kahns trennen sich, zunächst. Im Juni tauchen dann neben neuen Bildern von Oliver Kahn und seiner jungen Geliebten auch wieder Fotos von ihm und seine Ehefrau Simone auf – scheinbar glücklich und zufrieden auf einer luxuriösen Yacht in Porto Cervo (Sardinien). Das Ende für die Geliebte? Nein. In der Zeitschrift *Bunte,* Nummer 28 vom 3. Juli 2003, äußert sich Verena zu ihrer Beziehung mit Oliver Kahn und erklärt: »Es läuft gut mit uns.« Und Kahn selbst? Schweigen, so wie Genießer es gerne tun …

Als Geliebte leben – die Frage nach dem Warum

Warum schmecken Zitronen sauer und Zuckerwürfel süß? Warum tragen manche Männer einen Bart und andere nicht? Warum ist eine Frau eine Geliebte?

Die Frage danach, warum es Geliebte gibt, glauben gerade Außenstehende schnell und sinnvoll beantworten zu können. Gerne wird in der Öffentlichkeit pauschalisiert und psychologisiert, indem man allen Geliebten »Beziehungsängste« und »Bindungsangst« unterstellt. Vielleicht ist das in manchen Fällen auch die richtige Antwort. Aber trifft es wirklich auf alle Geliebten zu? Die persönliche Situation von Geliebten ist wohl ebenso unterschiedlich wie die von Ehepartnern auf dieser Welt.

Manche Geliebte entscheiden sich ganz bewusst für ihren Status, andere nahezu völlig unbewusst.

Ein Großteil der Geliebten erlebt zum ersten Mal eine Beziehung mit einem anderweitig gebundenen Partner, laut einer Umfrage im Internet sogar über 70 Prozent.

Ein Grund, sich auf die Rolle der Geliebten einzulassen, kann sein, dass eine Frau keine wirklich feste Beziehung möchte, weil sie ihre Freiheit und Unabhängigkeit genießen will. Ein anderer die Angst vor einem Zuviel an Nähe, vor Einengung oder vor Ausnutzung durch einen Partner. Darum suchen diese

Frauen sich Männer, die für dauerhafte Beziehungen nicht infrage kommen. Und ein weiterer Grund: Manche Frauen werden schneller eine Geliebte, als sie überhaupt begreifen können. Sie rutschen in diese Rolle einfach hinein.

Beziehungsunfähigkeit und Bindungsangst

Der Psychologe Dr. Steffen Fliegel aus Münster weiß Näheres über Beziehungsunfähigkeit und Bindungsangst. »Eine Studie hat gezeigt, dass sich jeder dritte Mann und jede fünfte Frau für beziehungsunfähig hält«, sagt Dr. Steffen Fliegel und erklärt: »Während die einen Menschen süchtig nach Beziehungen, nach Romanzen und sogar nach Sex sind, haben diese Menschen Angst vor der partnerschaftlichen Beziehung, der Ehe, der intensiven Lebensgemeinschaft. Es gelingt ihnen nicht, Nähe zu anderen herzustellen. Das enge Zusammenleben mit gemeinsamen Planungen bereitet ihnen Angst. Auch leiden sie oft darunter, sich selbst nahe zu sein.« Dabei möchten etliche bindungsängstliche und beziehungsunfähige Menschen durchaus eine Partnerschaft, sie sind jedoch nicht in der Lage, eine solche aufzubauen.

Die möglichen Gründe für Beziehungsunfähigkeit und Bindungsangst sind weitgreifender, als dass sie nur in oder durch die aktuelle Partnerschaft analysiert werden könnten. Oftmals liegen die Ursachen in der Vergangenheit der betroffenen Person. Der Psychologe Dr. Steffen Fliegel ist der Ansicht, dass Bindungsängste und Bindungsunfähigkeit zum Beispiel auftreten können, wenn ein Mensch in seiner Kindheit eine gewaltvolle oder destruktive Ehe der Eltern erlebt hat. Dies führt häufig dazu, dass negative Beziehungserfahrungen stärker verinnerlicht und Bindungen als gewaltvoll und zerstörerisch angesehen werden. Ein anderer Grund kann der sein, dass die betroffenen Personen als Kinder vorwiegend nur mit einem Elternteil aufgewachsen sind und auch in ihrem direkten familiären Umfeld keine anderen festen und konstruktiven Beziehungen erfahren oder beobachtet haben. Als Folge davon konnte die betroffene Person nicht lernen, wie Beziehungen zwischen zwei gleichberechtigten Partnern zufriedenstellend gelebt werden können.

Ferner sieht der Psychologe den Rollenwandel in der Gesellschaft als weiteren möglichen Auslöser für Beziehungsunfähigkeit: »Die einst als lebenslang sowie unauflöslich verstandene und gerade für Frauen überlebenswichtige Ehe ist nicht mehr so selbstverständlich wie früher.«

Zudem basiert die Ehe im Idealfall nicht mehr auf den Säulen der Zweckgemeinschaft, sondern auf Gefühlen. Diese schwanken bekanntlich zwischen Hoch- und Tiefphasen und werden zu einem Wechselspiel von Nähe und nötiger zwischenzeitlicher Distanz. »Angestrebt wird eine Ausgeglichenheit zwischen Geben und Nehmen«, so Dr. Steffen Fliegel. »Vielen beziehungsängstlichen Menschen und jenen mit Verlustängsten fällt dies schwer.«

Verlustängste

Verlustängste hängen meist eng mit den Bindungsängsten und der Beziehungsunfähigkeit zusammen. Verlustängsten liegt auf der einen Seite, wie der Begriff schon sagt, die Angst zugrunde, den Partner zu verlieren, auf der anderen Seite, sich selbst in der Beziehung zu verlieren und aufzugeben. Die Wahl, eine »lockere« Beziehung zu führen und nur so viel zu geben, wie die Person selbst für richtig hält, kann in diesem Fall purer Selbstschutz sein. Denn dies bedeutet eine Art von Kontrolle, die vielen Menschen Kraft gibt: Sie bleiben bei sich und fühlen sich auf diese Weise sicher und geschützt vor Verletzungen durch ihre Mitmenschen. Personen, die diesen Selbstschutz aufbauen, bewegen sich auf der Oberfläche, und sobald diese einzubrechen droht, suchen sie die Distanz und mitunter einen neuen Partner. Diese Handlungsweise wird von der betroffenen Person oft nicht bewusst angestrebt, sondern geschieht unbewusst.

Auch die Gründe für Verlustängste werden häufig in der Kindheit gesehen. Hierunter leiden vermehrt Erwachsene, die als Kinder die Erfahrung gemacht haben, dass ein zu starkes Einlassen auf andere Personen schmerzlich enden kann. Zum Beispiel weil sie oft umgezogen sind und Freundschaften sich nie festigen konnten. Oder weil sich die Eltern scheiden ließen und beim Kind das Gefühl zurückblieb, von einem ihm vertrauten Menschen im Stich gelassen worden zu sein. Obgleich diese Erlebnisse schon Jahre zurückliegen, holen sie die Betroffenen ein.

Die Psychologin Judith S. Wallerstein von der San Francisco State University ist der Ansicht, dass die Scheidung der eigenen Eltern eine zentrale Rolle spielt, wenn es darum geht, den Partner fürs Leben zu finden. Entscheidend ist der Zwiespalt, in dem sich Scheidungskinder befinden: zwischen der Sehnsucht nach Bindung und Liebe und der Angst, in Liebesdingen ebenfalls zu versagen wie die Eltern.

Bindungsunfähigkeit und -ängste, Verlustängste – dies alles können unbewusste Gründe dafür sein, Geliebte zu werden. Doch ebenso wenig, wie man Paare und Singles über einen Kamm scheren kann, funktioniert das mit Geliebten. Dies wäre ein ebenso großer Fehler wie die Behauptung: Alle Rockmusiker sind drogenabhängig, trinken und haben laufend irgendwelche Frauengeschichten. Es gibt genügend Beispiele von Rockmusikern und von Geliebten, die den jeweiligen Vorurteilen nicht entsprechen.

»Warum nun eine Frau Geliebte ist beziehungsweise zu einer Geliebten wird – dazu sind die Lebensgeschichten einer jeden zu verschieden, als sie selbstverständlich gleich zu nennen«, sagt die Berliner Psychologin Dr. Monika Thurke und fährt fort: »Sicher gibt es zwischen der einen und anderen Parallelen im Lebenslauf und daher in der Tat seitens der Psychologie auch etliche Vermutungen über Hintergründe.«

Zahlreiche der in diesem Zusammenhang aufgestellten Thesen, darunter auch die über Bindungs- und Verlustängste sowie Beziehungsunfähigkeit, sind durch vermehrtes Aufkommen und Einzelfallstudien gerechtfertigt. Doch gibt es noch zu wenig Erkenntnisse – es ist ja noch nicht einmal bekannt, wie viele Geliebte es tatsächlich gibt –, um irgendwelche Regelmäßigkeiten erkennen zu können. Daher ist jede Art von Pauschalisierung fehl am Platz.

Urteilen Sie also nicht vorschnell über sich, wenn Sie als Geliebte leben, und lassen Sie sich auch nicht von dem gut gemeinten, oft aber leider frustrierenden Gerede Ihrer Mitmenschen beeinflussen. Denn die Frage, die Sie am meisten interessieren sollte, ist die, ob Sie als Geliebte glücklich sind.

Geliebte erzählen

Doch lassen wir die Geliebten selbst zu Wort kommen. Sie berichten über ihre Beweggründe und darüber, wie sie zu Geliebten wurden.

Im Rahmen der großen Serie »Ja, ich bin Geliebte« der *Bild*-Zeitung erklärte beispielsweise die 36-jährige Sekretärin Irene (Name von der *Bild*-Redaktion geändert): »Vielleicht liegt es daran, dass sich meine Eltern scheiden ließen, als ich 14 war. Beide hatten neue Partner. Vielleicht hoffe ich ja im Unterbewusstsein: Wenn die sich für eine neue Beziehung getrennt haben, dann trennt sich ein Mann auch für mich. Das bin ich wert. Eins steht fest: Ich habe mir immer Männer gesucht, um deren Zuneigung ich kämpfen musste« (Ausgabe 171/2001).

Irene hatte mehrere Monate ein Verhältnis mit einem 20 Jahre älteren verheirateten Mann und verliebte sich nach der Trennung in Peter, mit dem sie nun zusammen ist. Peter ist zwar nicht verheiratet, hat aber eine Freundin.

Drei Jahre zuvor, ebenfalls in der *Bild*-Zeitung (Ausgabe 132/1998), berichtete Gabi K. aus Stuttgart im Rahmen der Serie »Ich, die Geliebte«: »Ich bin das, was ein Mann als ideale Geliebte bezeichnet. Er darf nur nie von Scheidung anfangen. Das wäre das sofortige Aus. Ich könnte es nicht ertragen, wenn ich abends nach Hause komme, und da sitzt schon einer und schreit nach Bier und Pantoffeln. In einer festen Beziehung fühle ich mich schon nach wenigen Wochen, als wäre ich am Ersticken.«

Zwei Geliebte und zwei verschiedene Antworten auf das »Warum?«. Irene, die wahrscheinlich eher unbewusst agierende Geliebte, und Gabi, die sich ganz bewusst für den Status der Geliebten entschieden hat und ihre Freiheit und Unabhängigkeit genießt. »So wie zahlreiche Geliebte, die ihre eigene, teils unbewusste Phantasie ausleben«, sagt dazu Psychologin Dr. Monika Thurke. »Sie erfüllen sich Wünsche, die sich einige andere nicht eingestehen würden. Die Geliebten personifizieren sozusagen alternative weibliche Lebensformen und treten der Hausfrau und Mutter, die sich selbstlos für die Familie aufopfert, entgegen.«

Viele Geliebte wollen bewusst ihr eigenes Leben führen, ohne sich einem anderen Menschen gegenüber rechtfertigen zu müssen. Kein vorwurfsvolles »Warum ist das Essen noch nicht fertig?«, kein neugieriges und lästiges »Wo gehst du heute Abend hin?«, kein bedrängendes und einnehmendes »Wir«.

Diese Ungebundenheit und Freiheit im eigenen Tun und Handeln ist ein Vorteil, den das Geliebtendasein hat. Und so ist es für einige die optimale Lebensform, mit der sie ihren individuellen Ansprüchen und Zielen gerecht werden können. Dazu gehört auch das Ausleben der sexuellen Wünsche. Statt einem womöglich abendlichen »Pflichtprogramm« genießt die Geliebte die »Kür«, wobei der Reiz des Verbotenen oftmals für den nicht unwesentlichen Kick sorgt. Das Verbotene, das Tabu, das Leben jenseits der Normen der Gesellschaft kann genau das sein, was manche Frauen dazu verleitet, die Lebensform als Geliebte zu wählen.

Bindungsunfähigkeit, Verlustängste, der Wunsch nach Freiheit und Unabhängigkeit, guter Sex – dies alles können nachvollziehbare Gründe sein, einleuchtende Antworten auf die Frage nach dem »Warum«.

Doch eins darf nicht vergessen werden: Dass eine Frau Geliebte wird, liegt oftmals auch einfach in der Natur der Dinge. Ab einem gewissen Alter sind viele Männer vergeben und nicht zuletzt natürlich auch die besonderen. Sei es, dass sie in eheähnlichen festen Beziehungen leben oder tatsächlich bereits einer anderen Frau offiziell das Jawort gegeben haben. Doch gegen die Liebe ist nun mal kein Kraut gewachsen, und auch fest liierte Männer bleiben auf der Angebotsliste. Dazu äußerte sich im Rahmen der *Bild*-Serie ebenfalls eine Geliebte. So erzählte Buchhalterin Ruth (Name von der *Bild*-Redaktion geändert): »Ich bin eine Zufallsgeliebte. Ohne die Orchideen meiner Freundin wäre ich wahrscheinlich nicht in diese Rolle geschlüpft. Ich sollte während des Urlaubs ihre Blumen gießen. Weil sie vergessen hatte, mir auch den Schlüssel für die Außentür zu geben, klingelte ich bei einem Nachbarn. Und dann stand er vor mir: Bernd. (...) Bei ihm spürte ich sofort ein Kribbeln im Bauch. Ich war sofort in ihn verliebt« (Ausgabe 170/2001).

Und genau das ist für viele Geliebte der ausschlaggebende, entscheidende und einzige Grund: Sie sind Geliebte, weil sie lieben! Und die Liebe, das Lieben und Geliebtwerden, lassen sie sich zu Recht nicht nehmen.

Test: Welcher Geliebtentyp sind Sie?

Für den studierten Psychologen Michael Thiel ist die Sache klar. Er hat sich schon oft mit der Frage »Warum ist eine Frau Geliebte und welchen Typ verkörpert sie?« beschäftigt. Michael Thiel weiß: »Alles ist abhängig von der Persönlichkeitsstruktur und dem Lebensziel einer Frau. Einige Frauen entscheiden sich ganz bewusst, zum Beispiel aufgrund von Bindungs- oder Verlustängsten, für die Rolle der Geliebten und haben Spaß daran. Andere rutschen mehr oder weniger in die Situation hinein und freunden sich nach und nach mit ihr an, weil der Mann ihre große Liebe ist. Und wieder andere wollen irgendwann dauerhaft mit diesem Mann eine Beziehung aufbauen.«

Exklusiv für dieses Buch hat Michael Thiel, der seit 1988 selbstständig als niedergelassener Psychologe in Hamburg arbeitet, einen Test entwickelt. Dabei können Sie, liebe Leserin, selbst erfahren, was für ein Typ Geliebte Sie sind und warum Sie sich dabei total happy, ganz zufrieden oder möglicherweise auch kreuzunglücklich fühlen. Beantworten Sie einfach die nachfolgenden Fragen und zählen Sie die Punkte zusammen. Die Testauswertung finden Sie auf Seite 233.

1. Wenn Sie sich verlieben: Sind Ehemänner für Sie absolut tabu?

Absolut! 4
Ich kann es mir nicht vorstellen –
aber ausschließen kann ich es auch nicht! 2
Gegen die große Liebe
kann man einfach nichts tun! 0
Die machen die Sache gerade interessant! 6

2. Welcher Beziehungstyp sind Sie?

Beziehung bedeutet für mich:
zwei gleichberechtigte Individuen,
die vertrauensvoll und ehrlich
miteinander umgehen 2
Ich verlange von meinem Partner
viel Anerkennung! 6
Ich mache alles
mit meinem Partner zusammen 4
Natürlich brauche ich eine Bezugsperson –
aber ich möchte auch mein eigenes Leben 0

3. Wie eifersüchtig sind Sie?

Extrem! 4
Ganz selten mal! 0

Sehr – aber nur bei eindeutigem Verdacht! 2
Gar nicht – da stehe ich drüber! 6

4. Wie weit würden Sie für die Liebe gehen?
Ich würde niemals den Verstand ausschalten! . 4
Wenn ich mich verliebe, vergesse ich alles! . . . 0
Für die Liebe kämpfe ich mit allen Mitteln! . . . 6
Mit der ganz großen Liebe
gehe ich bis ans Ende der Welt –
aber nur für die! 2

5. Wie wichtig ist Ihnen die Meinung anderer?
Ist mir immer wichtig 2
Interessiert mich nie 0
Konstruktive Kritik ist okay.
Auf alles andere aber kann ich gut verzichten . . 4
Da muss man sich einfach drüber wegsetzen . . 6

6. Lieben heißt ...
zu Gunsten einer anderen Frau auf ihn
verzichten, wenn er diese wirklich liebt 4
um ihn zu kämpfen! 2
sich gegenseitig alle Freiheiten zuzugestehen . . 0
der Mittelpunkt im Leben
meines Partners zu sein! 6

**7. Wie glücklich
sind Sie in Ihrer jetzigen Beziehung?**
Zurzeit recht zufrieden 0

Unglücklich/Hab gar keine 4
Sehr, sehr glücklich 2
Ich bin mir nicht sicher,
ob ich wirklich glücklich bin 6

8. Waren Sie schon als Kind ein Querkopf?
Ich war nie einer 2
Ich bin wahrscheinlich
schon so geboren worden 6
Ich war eher ein Wonneproppen 0
Nur, wenn ich mich ungerecht
behandelt fühlte 4

9. Wie wichtig ist Sex für Sie?
Wahnsinnig wichtig –
so fühle ich mich super! 0
Sehr – denn ich bin eine aufregende Frau 6
Gehört einfach zu den intimen,
privaten Momenten dazu 4
Macht rund 50 Prozent
meiner Beziehung aus 2

10. Mal angenommen, Ihre Freundin erzählt Ihnen von ihrer Traumhochzeit im nächsten Monat. Sind Sie neidisch?
Wenn ich doch endlich
meinen Traummann finden würde 2
Meinen Traummann habe ich doch –
wozu heiraten? 0

Ich glaube an die große Liebe 4
Klar – aber das schaffe ich auch noch 6

11. Sie sehen im Schaufenster Ihr Traumkleid. Auf Ihrem Konto ist aber gerade Ebbe. Kaufen Sie es trotzdem?

Na klar – wer weiß, was sich damit
so alles gewinnen lässt 6
Nein, da muss erst wieder Geld fließen 2
Träumen ist ja auch etwas Schönes 4
Augen zu und durch –
man lebt schließlich nur einmal! 0

12. Unabhängigkeit, Freiheit, Selbstständigkeit – wie wichtig sind diese Dinge ist für Sie?

Mein Lebensmotto! 4
Ist wichtig, Bestätigung aber eigentlich
noch mehr 6
Wichtig, aber noch wichtiger
sind Kompromisse 0
Zu viel davon macht doch nur einsam! 2

13. Schließen Sie die Augen und stellen Sie sich vor, Ihr Geliebter hätte Sie im Arm. Jetzt ganz spontan: Was fühlen Sie als Erstes?

Wie aufregend ich ihn finde 0
Wie sehr er mich braucht 4
Wie geborgen ich mich
in seinen Armen fühle, seine Wärme 6

Wie abenteuerlich,
aber auch wie flüchtig Liebe sein kann 2

14. Als Geliebte fühlen Sie sich ...
unwahrscheinlich attraktiv und begehrt! 6
nicht sehr wohl! 2
relativ wohl! 4
wunderbar frei! 0

15. Wie stellen Sie sich Ihre Zukunft vor?
Irgendwann wird er sich für mich
entscheiden! 6
Mal sehen, was das Leben noch so bringt 4
Ich lebe heute! 0
Für eine feste Bindung bin ich
noch nicht bereit 2

Die Männer der Geliebten

Um die Vielzahl und auch die Verschiedenheiten von Männern, die eine Geliebte haben oder hatten, aufzuzeigen, werfen wir einen Blick in die Welt der Prominenten: Altbundeskanzler Helmut Kohl gehört zu ihnen, Schauspieler Bernd Herzsprung ebenso wie Fußball-Kaiser Franz Beckenbauer und Entertainer Harald Juhnke. Es ist verständlich, dass der eine oder andere dieser Männer schweigt, wenn man etwas über seine Geliebtenbeziehung wissen möchte; auch diese Herren haben trotz ihres Bekanntheitsgrads einen Anspruch auf ein gewisses Maß an Privatsphäre. Doch nichts zu sagen ist manchmal schon Antwort genug.

Helmut Kohl, dem Vorzeigemann der CDU, wird ein Verhältnis mit seiner langjährigen Sekretärin Juliane Weber nachgesagt. Alles Lüge oder doch die Wahrheit? Die angesehene Zeitung *Die Zeit* (Ausgabe 10/2002) bezeichnete Juliane Weber jedenfalls als »vermeintliche Geliebte«, die von der verstorbenen Hannelore Kohl sogar als »liebste Freundin« bezeichnet wurde. Helmut Kohl schweigt zu diesem Thema.

Schauspieler Bernd Herzsprung spielte mit offeneren Karten. Der Star aus Serien wie *Freunde fürs Leben* oder *SOKO 5113* verließ seine Frau Barbara und die zwei gemeinsamen Töchter für die 30 Jahre jüngere Kollegin Nadeshda Brennicke, kehrte später aber wieder zu seiner Familie zurück.

Auch Franz Beckenbauer machte kein Geheimnis aus seiner außerehelichen Beziehung und hatte wohl auch keine andere Wahl. Denn sein Seitensprung hatte neun Monate später Folgen: Die ehemalige Sekretärin des FC Bayern München, Heidrun Burmester, brachte den gemeinsamen Sohn Joel Maximilian zur Welt. Ehrensache für einen Ehrenmann: Franz Beckenbauer bekannte sich zu seinem Sprössling und verließ nach zwölf Jahren Ehe seine Frau Sybille, um sich mehr um seinen jüngsten Sohn kümmern zu können.

Von derartigen Folgen ist bei Harald Juhnke nichts bekannt. Doch muss es die ja auch nicht geben, eine Geliebte kann man trotzdem haben. So vergnügte sich der Entertainer zum Beispiel im Jahr 1994 mit der damals erst 18-jährigen Schauspielschülerin Christiane Weigang. Sehr zur Freude der Boulevardblätter, die über den Seitensprung viel berichteten, und weniger zur Freude von Juhnkes Ehefrau Susanne, die ihrem Mann die Affäre jedoch verzieh.

Harald Juhnke, Helmut Kohl, Franz Beckenbauer und Bernd Herzsprung – vier von vielen, denn die Liste der prominenten Männer, die eine Geliebte haben und hatten, könnte nahezu endlos fortgesetzt werden, und selbstverständlich sieht es jenseits der deutschen Grenzen nicht anders aus. Wer erinnert sich nicht an die Affäre des früheren US-Präsidenten Bill Clinton mit Monica Lewinsky? Auch der frühere französische Außenminister, Roland Dumas, schmückte sich sechs Jahre lang mit seiner Geliebten Christine Deviers-Joncours, mit der er sich sogar in der Öffentlichkeit zeigte. Oder Mick Jagger, Sänger der *Rolling Stones*, der sich mit dem brasilianischen Dessous-Model Luciana Giminez Morad amüsierte – ebenfalls eine äußerst fruchtbare Begegnung.

Journalisten und Fotografen sind scharf auf derart pikante Details. In der Öffentlichkeit beginnt dann das große Rätseln, und es kommen die Nachfragen: Warum gehen Männer fremd, und was für ein Typ Mann ist das eigentlich, der eine Geliebte hat?

Fangen wir mit der Antwort auf diese letzte Frage an, wobei diese gar nicht einmal so leicht zu geben ist. Auf der einen Seite stehen zahlreiche Ehefrauen, die Stein und Bein schwören, dass ihr Mann sie nie betrügen würde. Auf der anderen Seite stehen die Geliebten und wissen es besser. Sich hier auf die goldene Mitte zu einigen, ist wohl der beste Weg. Denn theoretisch wie auch praktisch kann jeder Typ Mann eine Geliebte haben: der Milchmann, der Musikproduzent, der Grafiker, der Postbote, der Bankkaufmann, der Rechtsanwalt, der Autohändler – jeder. Der Kleine, der Große, der Dicke, der Dünne, der Arme, der Reiche, der Glatzköpfige, der Vollbehaarte, der Dorfbewohner, der Städter – jeder.

Es spielt keine Rolle, was der Mann beruflich macht, aus welchem Land er kommt oder wie er aussieht. Zugegebenermaßen stehen bei dem einen die Chancen höher, eine Geliebte zu haben, als bei dem anderen – doch zunächst einmal kommt jeder als potenzieller Fremdgeher in Betracht. Dies liegt schlichtweg in der Natur der Dinge. Es ist das leichte Verlieben, das Kribbeln und das Verspüren von Lust, dem sich kaum jemand entziehen kann. Aber ist es wirklich nur das? Ist es wirklich nur der Trieb, und lautet damit die einzige logische Begründung »typisch Mann«?

20 Gründe, warum Männer Geliebte haben

Warum ein Mann fremdgeht oder auch mehr, nämlich eine Geliebte hat, kann viele verschiedene Gründe haben. Vielleicht ist er sexuell frustriert, weil seine Beziehung im Lauf der Zeit eingeschlafen ist. Vielleicht wollte er einmal etwas anderes ausprobieren. Vielleicht passierte es nur aus Spaß an der Freude. Vielleicht ist es aber auch der Anfang von etwas Neuem. Sie sehen, es gibt eine ganze Menge Möglichkeiten, warum Männer fremdgehen. Lassen Sie uns den Gründen einmal genauer auf den Grund gehen:

Die Ergebnisse etlicher Studien, Befragungen von männlichen Bekannten, stundenlanges Blättern in renommierten Frauenzeitschriften wie *Petra*, *Maxi*, *Allegra*, *Cosmopolitan*, *Glamour* und anderen – fördern eine ganze Reihe von Gründen zutage, weshalb Männer fremdgehen.

1. Die Chemie

Männliche Mediziner, männliche Biologen, männliche Chemiker und dazu noch männliche Fremdgeher kennen einen Grund für Seitensprünge: Es liegt an den so genannten Phenylethylaminen. Diese finden sich im Gehirn und steuern das Lustverlangen. Sie wirken aufputschend und werden deshalb auch gerne bei der Herstellung von synthetischen Drogen verwendet. Während des Verliebtseins werden die Phenylethylamine ununterbrochen produziert. Doch nach etwa drei bis sechs Monaten Beziehung sinkt der Pegel bei Männern auf den Stand vor der Verliebtheit zurück. Die Folge ist, dass Männer unter schweren Entzugserscheinungen leiden. Durch einen Seitensprung können sie die Phenylethylamin-Produktion schnell wieder ins Gleichgewicht bringen.

2. Das Image

James Bond macht es vor, und einige Männer eifern ihm nach: Sie haben gleich reihenweise Affären. Warum? James Bond ist schließlich beliebt, angesehen und von den Frauen begehrt. So flimmert 007 als Held schon seit Jahrzehnten über die Kinoleinwand. Und ein Held möchte jeder Mann gerne sein, ob verheiratet oder nicht. Anders ausgedrückt: Fremdgehen ist gut für das Image, denken sie, und ihnen fällt der bekannte Giacomo Casanova ein. Der Ruf als Verführer und Liebeskünstler eilt diesem Herrn voraus, und die Frauen stehen bei ihm Schlange. Männerträume mit Geschichte!

3. Bestätigung

Manche Männer brauchen die Bestätigung, ein wirklicher Mann zu sein, so wie er im Buche steht – stark, potent, einfach männlich eben. Die eigene Frau hat sich schon an seine besonderen Qualitäten gewöhnt, und ihre Lobeshymnen sind mit der Zeit seltener geworden. Einigen Männern macht das zu schaffen. Sie fangen an zu zweifeln, ob ihre Qualitäten als Liebhaber nachgelassen haben, und suchen nach der Bestätigung, dass dem eben nicht so ist.

4. Weil sie sich einsam fühlen

Die Gattin ist bei der Mutter, die Freunde sind auf Reisen, und im Fernsehen laufen nur Wiederholungen – bevor sie die Zeit mit Däumchendrehen verbringen, suchen sich manche Männer in dieser Situation lieber ein Date mit einer anderen Frau. Sie gehen fremd, weil ihnen sonst die Decke auf den Kopf fällt.

5. Angst vor Nähe

Bei anderen Männern kann der Grund, warum sie fremdgehen, das Gefühl sein, in ihrer festen Beziehung eingeengt, eingesperrt, abhängig zu sein, kontrolliert und beobachtet zu werden – sie vermissen ihre Freiheit. Um sich wieder unabhängig zu fühlen, brechen sie aus und laufen in die Arme einer anderen Frau. Das klingt auch für den Psychologen logisch, der dazu »Angst vor Nähe« oder »Angst vor engen Bindungen« sagen würde.

6. Weil sie süchtig sind!

Sex kann tatsächlich zur Sucht werden. Menschen, die darunter leiden, sprich sexsüchtig sind, suchen nicht selten mehrmals täglich den Reiz des Verführens, die schnelle Erregung und den Rausch des Höhepunkts. Für sie ist Sex ein Muss. Dabei spielt es meist keine Rolle, wer die Sexpartner sind und welche Bedürfnisse diese haben. Als prominentes Beispiel für einen sexsüchtigen Mann wird häufig Michael Douglas genannt. Der Hollywood-Schauspieler soll Berichten zufolge erfolgreich eine Therapie gemacht haben.

7. Weil es in ihrer Partnerschaft gut läuft

Mit der festen Lebenspartnerin läuft es richtig gut, es könnte gar nicht besser sein. Da gesunde Partnerschaften neben der Geborgenheit auch Selbstbestätigung vermitteln und auf diese Weise das eigene Selbstbewusstsein steigern, fühlen sich Männer in gut funktionierenden Beziehungen rundum wohl und stark und sind von sich überzeugt. Das sind die besten Voraussetzungen für einen Erfolg versprechenden Versuch im Fremdgehen. Es ist kein Geheimnis, dass ein selbstzufriedener Mann bei Frauen bessere Chancen hat als ein Jammerlappen.

8. Weil Freunde sie dazu gezwungen haben

Dem Gruppendruck und Herdentrieb kann sich kaum ein Mann entziehen. Und ganz nach Kleiner-Jungs-Manier wird die Schuld für den Fehltritt später einfach den Freunden in die Schuhe geschoben. »Die wollten, dass ich das mache. Ich konnte mich gar nicht wehren«, heißt es dann – und dazu wird artig mit den Äuglein geklimpert.

9. Weil die Geliebte sie dazu gezwungen hat

Dieser Grund dafür, eine Geliebte zu haben, ist wohl eher eine Ausrede: Die Frau ist für alles verantwortlich, damit sprechen sich Männer von jeder Schuld frei. Doch wie gesagt, es müssen andere Gründe sein, weshalb der Mann sich zu einer Affäre entschlossen hat. Nichtsdestotrotz wird er sagen, dass sie es war, die ihm schöne Augen machte. Sie war es, die Sex wollte, er nicht. Egal ob »Petze« oder notorischer Lügner – schade, dass dieser Mann nicht zu dem steht, was ihm Spaß macht.

10. Suche nach Abenteuer

Indiana Jones oder Crocodile Dundee sind die Vorbilder: Männer, die am Limit leben, ständig in Gefahr sind und auf sich selbst angewiesen. Das ist Nervenkitzel, Spannung pur und klingt nach einem echten

Abenteuer. Das wollen Männer erleben, und sie suchen es in der Entdeckung von fremder Haut. Es ist die Spannung, die in der Frage »Schaffe ich es oder schaffe ich es nicht?« liegt, die diese Männer reizt und anspornt.

11. Bildung und Suche nach dem Glück

Es klingt wie die Erklärung eines Machos: »Ich gehe fremd, weil ich klug bin!« Und doch ist etwas Wahres dran. 1999 ergab eine Befragung von über 10 000 Männern durch Wissenschaftler der Harvard University: Je gebildeter ein Mann, desto größer ist seine Neigung zu Seitensprüngen. Denn das Gefühl, dass des Mannes Glück noch nicht perfekt ist, mehrt sich mit seiner Bildung, so die Studie.

12. Weil einmal wie kein Mal ist

Das ist eine oberflächliche Sicht der Dinge, die einige Männer vertreten, und von diesen Männern ist dringend abzuraten. Denn für sie ist eine Frau eben auch wie keine, und alle sind wie jede.

13. Der Jagdtrieb

Schon im Geschichtsunterricht haben wir die alte Rollenverteilung kennen gelernt und in den Schulbüchern Bilder gesehen: von Männern mit Fellen um die Hüften, sie schwingen die Keule, und die Frauen sitzen zu Hause und kümmern sich um die Kinder. Fakt ist, dass Männer Jäger waren. Als solche sorgten sie für die Beschaffung von Nahrung und für den Fortbestand der eigenen Art. Und auch wenn dies schon Tausende von Jahren zurückliegt, so sagt die Forschung von heute, lässt dieser uralte Trieb, das Jagdverhalten, die Herren der Schöpfung auch in der heutigen Zeit noch auf die Pirsch gehen.

14. Weil sie getrunken haben

Medizinische Untersuchungen und die täglichen Erfahrungen von Verkehrspolizisten können nicht lügen: Zu viel Alkohol macht Menschen oftmals unzurechnungsfähig. Dabei fängt es häufig harmlos an, mit einem Bierchen. Doch schon 0,2 bis 0,3 Promille im Blut führen zu einer ungewöhnlichen Lockerheit. Mit 0,4 bis 0,7 Promille kommt es zu ersten Koordinationsproblemen. Bei 0,8 bis 1,2 Promille treten bereits erhebliche Störungen in der Reaktionsfähigkeit und bei der Aufmerksamkeit auf. Und bei ca. 1,1 Promille im Blut neigen die Betroffenen zu maßloser Selbstüberschätzung. Kritisch wird es im Bereich 1,3 bis 1,9 Promille, denn nun werden Hemmungen weitgehend abgebaut. In diesem Zustand geben sich wohl so einige Fremdgänger zu erkennen. Später kann es zu Gedächtnislücken kommen (Bereich von 2,0 bis 2,9 Promille). Mit noch einigen Bier mehr intus, ist es mit dem Sex dann so eine Sache – denn bei etlichen Männern lässt bei diesem Promillespiegel im Blut nicht nur die Standfestigkeit der Beine nach.

15. Der Spieltrieb

Egal wie erwachsen sie sind, im großen Manne wird immer der kleine Junge stecken. Und kleine Jungs mögen Autos und Eisenbahnen, sie mögen Kartenspiele, Kegeln, Flippern, Billard, und kaum ein Mann bekommt daher nicht – vielleicht auch nur heimlich – diesen verschwommenen Blick, wenn er an einer Spielhalle vorbeigeht. Dann kribbelt es ihnen in den Fingern. Sie wollen zocken, ein bisschen pokern, herausfinden, wie weit sie gehen können, und dabei Spaß haben. Spielfieber! Genauso sehen einige Männer auch ihre Affären.

16. Macht und Erfolg

Mächtige Staatsmänner, sie herrschen über das Volk und haben ein großes Maß an Verantwortung. Getreu dem Motto »Erfolg und Macht machen attraktiv« haben diese Männer mehr Chancen bei Frauen. Dem weiblichen Geschlecht imponiert ihre Stärke. Andere Männer sind weniger mächtig, streben aber genauso nach Erfolg und suchen diesen unter anderem gerne bei Frauen.

17. Weil es in der Ehe nicht mehr so läuft

Am Anfang gibt es nur rosa Wolken, ein weißes Hochzeitskleid und ganz viel Liebe. Mit der Zeit schleichen sich aber nicht selten einige Frustrationsauslöser in die Ehe ein: Es kann der immer gleiche Tagesablauf sein, das Sprechen und Verhandeln über unschöne Dinge wie Versicherungen, Abzahlungen für den Bausparvertrag, oder es sind die Kinder, die den Eltern die ganze Aufmerksamkeit abfordern. Es fehlen die Überraschungen, oftmals hat sich alles eingespielt, und die Beziehung ist eingeschlafen. So suchen etliche Männer ein spannungsreicheres Leben und Erfüllung bei einer Geliebten.

18. Weil … ach, sie wissen es selbst nicht so genau

Auch Männer, die keine Erklärungen für ihren Seitensprung haben, sind unter den Fremdgängern vertreten: Kommt ihre Affäre heraus, stammeln und stottern sie, ringen mit Worten und versuchen zu erklären, was sie sich selbst angeblich gar nicht erklären können. Hierzu kann man nichts anderes sagen, als: »Sechs, setzen!«

19. Weil Mann »das« mal erlebt haben muss

Die Zeit vergeht so schnell, und jung ist man nicht ewig. Manche Männer haben das Gefühl, dass sie etwas in ihrem Leben verpassen könnten, und gehen deshalb fremd.

In gewisser Weise fallen hierunter auch die Männer, die sich durch eine um einige Jahre jüngere Partnerin ein Stück Jugend zurückholen möchten. Und da viele der Männer in einem etwas höheren Alter bereits mit einer gleichaltrigen Frau verheiratet sind, suchen sie die Jugend bei einer Geliebten.

20. Weil sie verliebt sind!

Warum auch nicht? Selbstverständlich können Männer die Frau auch lieben, mit der sie fremdgehen. Einige von Ihnen, liebe Geliebte, wissen das nur allzu gut.

Das ist ein Auszug aus der Vielzahl von Gründen, warum Männer fremdgehen oder eine Geliebte haben.

Haben Sie sich schon einmal Gedanken darüber gemacht, welcher »Typ Geliebter« Ihr Partner ist? Mit diesem Wissen können Sie beispielsweise seine ausweichenden Antworten auf die Frage nach der Zukunft viel besser einschätzen und darauf reagieren.

Denn vielleicht ist er ein einsamer Abenteurer wie Indiana Jones und immer auf der Suche nach einem neuen Kick. Klare Worte würden für ihn den Reiz des Geheimnisvollen nur zerstören. Vielleicht ist er auch der Unzufriedene, der sich angesichts der langweiligen Liebschaften im Ehebett nach etwas Neuem umschaut. Dieser Mann wird über kurz oder lang an sein Wohlbefinden denken und sich entscheiden.

Wenn Sie aber, liebe Leserin, liebe Geliebte, das Bedürfnis haben, über die Zukunft – wie auch immer diese aussehen mag – zu reden, dann tun Sie es. Schließlich ist es Ihr Leben, und das dauert bekanntlich nicht ewig.

Etliche Herren lassen sich viel einfallen und reden

um den heißen Brei herum – Hauptsache, sie können sich irgendwie vor der Verantwortung drücken und sich alle Optionen offen halten.

Hier einige »Klassiker-Sätze«, die in solchen Gesprächsmomenten gerne fallen, und die treffenden Antworten darauf:

1. »Ich möchte noch warten, bevor ich etwas zu unserer Situation sage.«
   Geht es bitte etwas konkreter?

2. »Meiner Frau geht es gerade nicht so gut.«
   Komischerweise geht es einigen Ehefrauen nie besonders gut.

3. »Ich möchte den richtigen Zeitpunkt erwischen.«
   Na klasse, das kann auch erst in 20 Jahren sein …

4. »Meine Frau hat nächste Woche Geburtstag!«
   Na, dann kann sie ja eine tolle Überraschung erleben.

5. »Die Kinder, die sind doch immer dabei.«
   Kinder gehören ab einer gewissen Uhrzeit ins Bett.

6. »Aber ich liebe doch meine Frau …«
   Interessant. Nun ja, wenn das so ist …

7. »Aber es läuft doch gut mit uns!«
Ja, aber unter Umständen könnte es noch besser laufen.

8. »Und was sollen dann die Nachbarn/Freunde denken?«
Einige werden sicher vor Neid platzen.

Machen Sie den nachfolgenden Test und finden Sie heraus, woran Sie mit Ihrem Partner sind.

Test: Warum hat er eine Geliebte?

Auch die Männer, die eine Geliebte haben, können nicht über einen Kamm geschoren werden. Warum haben sie eine Geliebte? Stehen dahinter Eheprobleme, Frust im Job, Minderwertigkeitsgefühle, Einsamkeitsängste oder die wahre Liebe? Oder ist es das Bedürfnis, den »eigenen Marktwert« zu testen?

»Sexualität ist für die meisten Männer eine Selbstwertquelle – auch das suchen sie bei einer Geliebten. Allerdings können wirklich die unterschiedlichsten Gründe der Auslöser für ein Verhältnis sein. Es geht dem Mann nicht immer, wie viele Außenstehende und Unwissende fälschlicherweise denken, nur um Sex«, sagt Michael Thiel. Der Psychologe hat auch seine Geschlechtsgenossen studiert und Fragen und Antworten zusammengestellt, die klären sollen, warum ein Mann eine Geliebte hat.

Wenn Sie wissen möchten, was hinter Ihrem Herzensbrecher steckt und was für ein Männertyp er ist, machen Sie den nachfolgenden Test und zählen Sie anschließend die Punkte zusammen. Die Testauswertung mit der Beschreibung des jeweiligen Typen finden Sie im Anhang auf Seite 237.

1. Wie könnten Sie Ihren Geliebten am leichtesten verführen?

Champagner, Rosen, Kerzen,
romantische Musik – und er schmilzt dahin . . . 2
Ich überrasche ihn mit neuen Dessous 0
Vielleicht Kino
und anschließend toll essen gehen 4
Mit einer schönen,
entspannenden Massage 6

2. Welche Frau findet er wohl besonders sexy?

Nina Ruge 6
Verona Feldbusch 4
Pamela Anderson 0
Madonna 2

3. Beim TV-Zappen geraten Sie mit Ihrem Geliebten an eine Filmszene, in der zwei Menschen miteinander schlafen – was passiert dann bei Ihnen?

Er fällt sofort über mich her 0
Wir lassen uns davon inspirieren 2
Wir lachen darüber und zappen weiter 4
Irgendwie ist ihm das peinlich,
und die Stimmung ist hin 6

4. Sie erzählen ihm von einem früheren Seitensprung mit einem Supertypen. Wie reagiert er?

Er fragt, ob der Typ
mehr zu bieten hatte als er 2

Er lacht darüber und fragt mich,
warum ich ihm das jetzt erzähle 6
Er verstummt und geht bald nach Hause 4
Er zählt auf, wie viele tolle Frauen
er schon im Bett hatte 0

5. **Zu einer guten Beziehung gehören nach Meinung Ihres Geliebten …**
Vertrauen, Ehrlichkeit und Treue 6
Nähe, Spaß und Leidenschaft 2
Gemeinsamkeit, Einfühlungsvermögen
und Zärtlichkeit 4
Sex, Sex, Sex! 0

6. **Eine erotische Phantasie: Sie treffen ihn in einer schummrigen Hotelbar – wie zwei Fremde bei einem Blind Date. Zudem haben Sie ein Zimmer gemietet. Würde ihn das anregen?**
Natürlich – wir würden gar nicht mehr
aus dem Bett kommen! 0
Das wäre für ihn das Größte,
und er würde begeistert mitspielen! 2
Er würde es nicht verstehen und fragen:
»Warum soll ich denn
dafür Geld ausgeben?« 4
Das wäre ihm zu kompliziert 6

7. **Angenommen, der Mann an Ihrer Seite verwählt sich, und am andere Ende der Leitung ist eine**

unglaublich erotische Frauenstimme. Flirtet er ein bisschen?

Na klar – bei der Stimme! 4
Mit der würde er gleich ein Date
ausmachen 0
Wenn er dadurch seinen Frust
abbauen könnte, vielleicht 2
Nein – die kennt er doch gar nicht 6

8. **Apropos Dessous: Sie überraschen ihn mit etwas Sündigem aus Seide. Wie findet er das?**

Das hätte ich nicht lange an 2
Super – mal sehen, wie ihn das inspiriert 0
Er wäre irritiert 6
Er würde das sehr genießen 4

9. **Wie wichtig ist sein Aussehen für Ihren Liebsten?**

Meistens fragt er mich,
wenn's um Klamotten geht 6
Er meckert dauernd
über seinen Bauchansatz 4
Knitterhemd und tolles Parfüm –
diese Kombi haut mich immer wieder um 2
Das Fitnessstudio ist sein zweites Zuhause 0

10. **Stellen Sie sich vor, Ihr Geliebter kommt auf einer Feier so richtig in Fahrt und flirtet, was das Zeug hält. Ganz neue Seiten?**

Ja, denn bisher hat er nur mit mir geflirtet! 4

Eigentlich ja:
Daran ist bestimmt nur der Alkohol schuld 6
Nein: So kenne und so liebe ich ihn!
Immer auf neue Abenteuer aus! 2
Absolut nicht: Er muss immer ausprobieren,
wie seine Chancen bei Frauen so stehen 0

11. Wie eifersüchtig kann Ihr Schatz sein?

Leider gar nicht 0
So etwas bekommt er gar nicht mit 4
Er flippt bei jeder Gelegenheit aus 2
Er leidet eher still 6

12. Gesetzt den Fall, Sie hätten insgeheim schon immer von Sex im Fahrstuhl geträumt. Sagen Sie es Ihrem Liebsten?

Wieso nur sagen? Da steht er drauf 0
Das brauch ich nicht –
er weiß genau, was mir Spaß macht! 2
Doch, ja. Ich glaube, ich könnte ihm
auch so etwas Intimes anvertrauen 6
Ich glaube nicht,
dass so etwas sein Stil ist 4

13. Ihr Liebster entdeckt das erste graue Haar – wie würde er wohl reagieren?

Katastrophe! Er würde Amok laufen 0
Das bekommt er gar nicht mit 6
Hat er doch schon 4

Auch mit solchen Tiefschlägen
wird er irgendwie fertig 2

14. Stellen Sie sich vor, Geld würde keine Rolle spielen: Welches Auto würde Ihr Partner haben wollen?

Schnell. Teuer. Ferrari 0
Bestimmt einen mit Allradantrieb 2
Er träumt schon länger
von einem Wohnmobil 6
Vielleicht einen Volvo,
wegen der Sicherheit, oder einen Mercedes . . . 4

15. Mal ehrlich: Wie viel Phantasie hat Ihr Liebster?

Irgendwie ist dieser Kelch
an ihm vorübergegangen 4
Dem fällt garantiert
dauernd etwas Verrücktes ein 2
Beim Verführen hat er sie,
ansonsten eher Fehlanzeige 0
Na ja, seine Phantasie ist eher
Hausmannskost 6

Such dir einen, der dich liebt und der für dich da ist!

Um die 60 Kilogramm, verteilt auf etwas mehr als 170 Zentimeter, mittelbraune, kurze Haare, braune Augen, einige Sommersprossen, Konfektionsgröße 38, Körbchengröße B und Schuhgröße 39. Das war also ich, mit mir zufrieden und eine Geliebte. Letzteres sehr zur Freude von Juliane. Die konnte ihre Neugierde nämlich kaum verbergen. Sie rief mich öfter als sonst an oder schickte mir eine E-Mail und löcherte mich dann mit Fragen: »Wie ist er im Bett?«, »Wann seht ihr euch wieder?«, »Hat er etwas über seine Frau erzählt?«, »Ob sie etwas weiß?«, »Hat er noch mehr Geliebte?«. Und so weiter und so fort. Zugegeben: Ihr Interesse tat mir gut. Mit ihr konnte ich offen über Tom und meine Gefühle reden. Trotzdem aber ging mir ihr unstillbarer Erkundigungsdrang manchmal auf die Nerven. Besonders dann, wenn ich merkte, dass sie einfach nicht verstehen wollte. Für sie war eine Geliebte etwas Außergewöhnliches, und ebenso mussten die Dinge sein, die eine Geliebte erlebt. Geheimnisvolle Treffpunkte, ein wenig Versteckspielen, am Telefon flüstern oder mit Sonnenbrille auf der Nase irgendwo auf den Liebsten warten. Doch sorry, diese Sensationsgier von Juliane konnte ich nicht befriedigen.

Im Gegenteil: Alles, was ich erzählte, hörte sich nach Routine an. Tom und ich sahen uns ja sowieso jeden Tag im Büro, wir gingen etwa zweimal in der Woche gemeinsam Mittagessen, und wenn alles glatt ging, kam Tom auch noch an zwei Abenden bei mir vorbei. Manchmal nur für ein Stündchen, manchmal auch für zwei bis drei. Ich fragte ihn nicht, was er seiner Frau erzählte. Ehrlich gesagt, war mir das fast egal. Mehr interessierte mich, ob sie wohl etwas bemerkte. Ob sie nicht misstrauisch wurde, wenn Tom abends manchmal erst gegen elf oder zwölf Uhr nach Hause kam. Dieser Gedanke beschäftigte mich jedoch, als Tom und ich eines Abends im Kino waren. Es war schön, doch ich konnte mich kaum auf den Film konzentrieren. Ich fragte mich die ganze Zeit über, ob seine Frau nicht vielleicht etwas ahnte oder gar wusste? Oder wollte sie vielleicht überhaupt nichts merken? Ich meine, wenn ich mit einem Menschen so eng zusammenlebe, ihn auch schon seit Ewigkeiten kenne, dann müsste mir doch jede kleinste Veränderung an ihm und seinem Verhalten auffallen? Und ich hoffte doch arg, dass ich nicht nur eine kleine Veränderung in Toms Leben war. Im Ernst: Ich mochte kaum glauben, dass Toms Ehefrau keinen Verdacht schöpfte. Aber vielleicht konnte Tom alles nur deshalb so gut verbergen, weil er darin Übung hatte?

Die Vorstellung, dass ich nicht die Einzige sein könnte, nagte an mir, und natürlich fragte ich Tom noch am selben Abend: »Sag mal, hast du eigentlich noch mehrere Frauen an der Hand. Ich meine außer mir und deiner Frau?« Tom schaute mich total entsetzt an. Ob ich das wirklich ernst meine, fragte er. Und ohne eine Antwort abzuwarten, erzählte er mir dann, dass er sich natürlich, wie wohl fast jeder Mann, schon einmal eine Geliebte gewünscht hätte. Aber dass es vor mir keine andere gegeben hätte. Er wollte noch viel mehr erzählen, aber ich wollte eigentlich nichts mehr hören. Ich war damit zufrieden, wie es war, und dafür wollte ich mich ihm gegenüber nicht rechtfertigen. Also sollte auch er sich nicht verpflichtet fühlen, irgendwelche Erklärungen abzuliefern. Denn fängt man erst einmal damit an, kann vieles kaputtgehen. Da brauche ich nur an einen meiner letzten Freunde denken: Michael. Wenn er mich abends telefonisch nicht erreichte, wurde er fast hysterisch. Zwar faselte er etwas von »... ich mach mir doch Sorgen«, doch in Wirklichkeit war er nur krankhaft eifersüchtig. Er hat mich so sehr eingeengt, dass ich mich schon richtig schlecht fühlte, wenn ich bei einer Verabredung einmal länger wegblieb, gar nicht zu reden davon, wenn ich mich einmal abends ganz spontan verabredete, ohne Michael davon zu erzählen.

Mit Tom war das anders. Klar fragte er mich, was ich abends erlebte, wenn er nicht bei mir war. Aber das klang interessiert und nicht überwachend. Und natürlich brauchte ich ihm auch nur so viel zu erzählen, wie ich für nötig hielt. Dass ich meine Augen weiter offen hielt, hier und da flirtete, kam nicht zur Sprache. Warum auch? Ich war Tom keine Rechenschaft schuldig und genoss meine Unabhängigkeit. Schon merkwürdig, aber mit einem Mann in der Hinterhand trat ich ganz anders auf. Viel selbstbewusster, nicht mehr so suchend.

Manchmal wunderte ich mich selbst über mein neues Ich. Sicher hatte ich vor Tom bereits einige Männer gehabt, aber insgesamt doch ein solides Leben geführt. Ich war mal liiert und dann auch mal Single. Ich hatte Zeiten mit Sex und Zeiten ohne Sex. Alles ganz normal. Doch nun wollte ich nicht mehr tauschen. Das Geliebtenleben gefiel mir mehr und mehr. Ich brauchte nicht mehr frustriert im Kalender die Wochen zu zählen, in denen ich keinen Sex hatte. Ich brauchte mich auch nicht mehr nur danach sehnen, liebevoll in den Arm genommen zu werden, kleine SMS-Nachrichten mit Komplimenten zu empfangen oder mit Blumen überrascht zu werden. Ich hatte das alles, und es war Alltag.

So war ich glücklich, und gerade das war mir wohl anzusehen. Jedenfalls fragten mich meine Eltern bei einem sonntäglichen Kaffeetrinken ohne Umschweife: »Hast du jemanden kennen gelernt?« Ich wusste, es war sinnlos zu lügen. Ich wollte auch gar nicht lügen, denn zum einen mochte ich dafür meine Eltern zu gerne, und zum anderen war die Sache mit Tom viel zu schön, als dass ich sie hätte verschweigen wollen. Also berichtete ich und bereute es bereits in der nächsten Minute. Ein Blick auf meine Mutter, ein Blick auf meinen Vater – die beiden sind übrigens seit

34 Jahren verheiratet –, und ich wusste, es war ein Fehler gewesen.

»Kind, das ist doch nicht dein Ernst. Ein verheirateter Mann, das brauchst du doch nicht«, ereiferte sich meine Mutter und legte nach: »Such dir etwas Vernünftiges. Einen der dich liebt und der für dich da ist.« Ich versuchte, ihnen klar zu machen, dass Tom durchaus für mich da war, und wollte wissen, wie sie darauf kämen, dass Tom mich nicht lieben würde – aber es war zwecklos. Der Nachmittag war trotz selbst gebackenem Kuchen und krampfhaften Scherzen meinerseits gelaufen. Also verdrückte ich mich lieber schleunigst.

Während der Fahrt in der Bahn schaute ich mir die Männer an. Einige sahen gar nicht schlecht aus. Nein, einige sahen sogar richtig gut aus. Männer, bei denen Juliane gleich den »Ja-ich-will«-Blick bekommen würde. Männer, die mich aber völlig kalt ließen. Wer von ihnen war wohl Single? Wer von ihnen wohl vergeben, gar verheiratet? Ich wusste es nicht. Wie auch? Und mal ehrlich gesagt, es war mir in diesem Moment egal. Wenn meine Eltern nicht verstehen wollten, dann eben nicht.

Zu Hause angekommen, begrüßte mich She mit einem vorwurfsvollen Mauzen. She, meine geliebte Katze, die ich zu meiner Schande an dieser Stelle zum ersten Mal erwähne. Dabei ist sie neben Juliane meine allerbeste Freundin. Ich hatte sie vernachlässigt, und die folgenden knapp 60 Minuten Streicheleinheiten hatte sie sich daher mehr als verdient. Ich erzählte ihr von meinem Besuch bei meinen Eltern und was ich sonst während der Woche erlebt hatte: Ein wenig Stress beim Job, einen gemütlichen Abend mit Juliane, und dass Tom zweimal bei mir war, hatte She ja selbst mitbekommen.

So verging die Zeit ziemlich schnell, und ohne dass ich groß darüber nachdenken konnte, waren Tom und ich ein halbes Jahr zusammen. Vieles hatte sich im Laufe der Zeit eingependelt, so zum Beispiel meine Rituale an den Wochenenden. Da war ich selbstverständlich alleine – und auch froh darüber. Ich räumte auf, telefonierte mit Juliane, schmuste mit She, schrieb E-Mails an alte Bekannte in anderen Städten, ging zum Sport, ging shoppen, traf mich abends mit Freunden, gönnte mir ein Vollbad, besuchte auch manchmal die Bekannten in anderen Städten und, und, und. Ein Wochenende, was ist das schon? Zwei Tage, in denen ich kaum all das schaffte, was ich mir vornahm. Natürlich dachte ich auch an Tom, doch um ehrlich zu sein, nicht allzu oft. Dafür gab es viel zu viel zu erledigen, und der Montag des Wiedersehens war so nah.

Klar gab es aber auch immer wieder Vorfälle, die mich ins Grübeln stürzten. Wenn Tom zum Beispiel bei mir war, wir auf dem Sofa kuschelten und plötzlich sein Handy klingelte. Dann gab er mir Zeichen, ruhig zu sein, und sagte in den Hörer so Sachen wie

»… ja, ja, viel zu tun« oder »… nein, alles in Ordnung. Bin in einer Stunde bei dir und den Kindern.« Dann wurde mir meine Geliebten-Rolle stärker als sonst bewusst. Ja, ich war die Geliebte und die andere, die Anruferin, seine Ehefrau. So sah es aus. Doch komischerweise waren diese Momente Tom zumeist wesentlich unangenehmer als mir – gerade am Anfang unserer Beziehung. Da entschuldigte er sich nach solchen Kurztelefonaten gleich bei mir, und die Stimmung rutschte fast in den Keller. Aber nach einigen Wochen haben wir uns von diesen Unterbrechungen gar nicht mehr aus dem Konzept bringen lassen. Im Gegenteil: Wir genossen danach nur noch mehr unser Zusammensein.

Na, und dann gab es da natürlich noch meine Besuche bei Dr. Beert, meinem Gynäkologen. Ein guter Arzt, der mich schon seit meinem 17. Lebensjahr kannte. Der wusste, dass ich die Pille nahm und mich dann fragte: »Wie schaut es denn aus? Wollen Sie weiter die Pille nehmen?« Ich mochte Dr. Beert zu gerne, als dass ich eine derartige Frage als zu persönlich empfunden hätte. Wir redeten, und ich sagte, dass ein Kind derzeit nicht in meine Lebensplanung passen würde. »Na, mit 32 haben Sie ja auch noch ein wenig Zeit«, sagte Dr. Beert, und ich war froh darüber. Er hatte ja auch Recht. Doch ebenso wäre es gelogen, wenn ich sagen würde, dass ich mir darüber keine Gedanken gemacht hätte. Klar wollte ich Kinder, ganz klassisch gerne zwei, und die mit einem

Mann, der mich liebte und den ich liebte. In dieser Beziehung war ich altmodisch, und so gesehen konnte ich mich auch nicht mit der Vorstellung, eine allein erziehende Mutter zu sein, anfreunden. Ich wollte auch nicht weiter darüber nachdenken. Ich hatte noch Zeit und anderes um die Ohren – jeden Tag aufs Neue.

Alltag der Geliebten

Morgens, halb zehn in Deutschland: Die Geliebte arbeitet, geht einkaufen, trifft sich mit einer Freundin zum Frühstück ... was auch immer sie um diese Zeit tut: Auf den ersten Blick verläuft der Alltag einer Geliebten wie der der meisten anderen Frauen auch. Doch natürlich leben Geliebte ein wenig anders als Ehefrauen, manchmal für ein paar Stunden in der Woche, hin und wieder für ein paar Tage.

Oft hat die Geliebte das Gefühl, dass ihr Leben einzig und allein von den Lebensumständen ihres Partners abhängig ist. Sicher muss die Geliebte in manchen Momenten Rücksicht nehmen, doch das eigene Leben der Geliebten ist genauso wichtig wie das ihres Liebhabers, und so hat er sich auch nach ihr zu richten. Beide sollten sich aufeinander einstellen und die Lebensumstände und Bedürfnisse des anderen respektieren.

Geliebte eines verheirateten Mannes

Ist der Partner der Geliebten verheiratet, wird sie schnell die festen Termine und Rituale seiner Ehe kennen lernen. Hiermit sind verpflichtende und nicht selten auch regelmäßige Verabredungen gemeint, zum Beispiel Kegel- und Kartenabende mit

Freunden, Besuche bei den Schwiegereltern oder in der Nachbarschaft. Diese Termine gehörten schon zu seinem Alltag, bevor die Geliebte in sein Leben trat, und sie werden weiterhin dazugehören. Derartige gemeinsame Unternehmungen sind häufig das Gerüst, das die eheliche Beziehung aufrechterhält, so dass solche Verabredungen von beiden Seiten eingehalten werden, wenn auch mitunter nur, um die Fassade zu wahren.

Will die Geliebte nicht ihre freie Zeit mit Warten auf ihren Partner verbringen oder gar in Abhängigkeit von ihm geraten, sollte sie für sich einen gesunden Mittelweg finden: zwischen ihrem Alltag und ihren eigenen Verpflichtungen auf der einen Seite und dem Alltag des Partners auf der anderen Seite. Dazu die Berliner Psychologin Dr. Monika Thurke: »Wichtig für die Geliebte ist dabei, dass sie ihre eigenen Aufgaben, aber auch Wünsche und Bedürfnisse nicht komplett dem Tagesablauf des Partners unterordnet.« Die Geliebte sollte nicht zu Hause sitzen und warten, bis der Partner seine Termine erledigt hat und Zeit für sie findet. Auch sollten wichtige Verpflichtungen wie pünktliches und regelmäßiges Erscheinen beim Job nicht wegen eines Dates mit dem Liebhaber vernachlässigt werden. Damit würde die Geliebte die Sicherheit ihres eigenen Lebensunterhalts aufs Spiel setzen. Und bei aller Liebe: Das ist kein Mann wert!

Feste Termine und Treffpunkte mit dem Liebhaber

auszumachen erleichtert es, eine gesunde Balance zwischen den eigenen Verpflichtungen, denen des Partners und dem Bedürfnis, einander zu sehen, herzustellen. Solche Abmachungen bedeuten nicht gleich langweilige Routine, die keine Möglichkeiten für Überraschungen offen lässt oder zu einer eingefahrenen Beziehung führt. Im Gegenteil: Klare Absprachen helfen der Geliebten bei der Organisation ihres Alltags. Vor allem wird ihr so die Möglichkeit gegeben, unabhängig vom Partner ihr eigenes Leben selbstständig genießen zu können. Und auch der Partner profitiert von den Abmachungen und kann die gemeinsame Zeit wesentlich entspannter genießen.

Geliebte eines verheirateten Mannes mit Kindern

In diesem Fall macht die Geliebte nicht nur die Bekanntschaft mit den Terminen und Vorlieben der Ehefrau ihres Partners, sondern auch mit den Wünschen von kleinen oder großen Kindern. Der Partner muss neben der Rolle des Ehemannes auch die des Vaters ausfüllen und hat somit viele Verpflichtungen: Der Nachwuchs will zum Fußballtraining, Ballett- oder Reitunterricht chauffiert werden, an anderen Tagen sind es die Musikschule oder der Geburtstag eines Schulkameraden. Die Kinder sind auch mal krank oder wollen mit ihrem Vater etwas alleine unternehmen. Termine über Termine, und damit es dem Nachwuchs gut geht, muss die Geliebte nicht selten zurückstecken. Obgleich es nicht ihre eigenen Kinder sind – die Belange der Mädchen und Jungen betreffen auch sie. Allerdings sollte die Geliebte niemandem Schuld zuweisen, weder den Kindern, die ihren Vater in Anspruch nehmen, noch ihrem Partner, wenn er für seine Kinder da sein möchte – denn beides ist mehr als verständlich.

Reden Sie dem Vater gegenüber nie schlecht über seine Sprösslinge, das verletzt zu Recht jeden Vaterstolz. Und lassen Sie der Ehefrau ihr Revier, dazu gehören neben dem Haus oder der Wohnung natürlich auch die Kinder.

»Wichtig ist auch in diesem Fall, dass der Partner und der eigene Status als Geliebte nicht zum einzigen Lebensinhalt wird, zum alles dominierenden Kontakt zur Außenwelt«, sagt Psychologin Dr. Monika Thurke und merkt an: »Wie auch für alle anderen Lebensformen ist es entscheidend, ein tragfähiges soziales Umfeld zu haben beziehungsweise sich ein solches aufzubauen.« Dies nennt man auch ein »soziales Netzwerk«, was die Psychologin so beschreibt: »Damit sind vertrauensvolle Beziehungen zu anderen Menschen gemeint, die auch unabhängig von der Liebesbeziehung Bestand haben. Die einen wichtigen Stellenwert einnehmen und somit auch die Isolation verhindern.«

Geliebte eines unverheirateten Mannes

Die Geliebte eines unverheirateten Mannes hat es auf den ersten Blick ziemlich leicht: Schließlich hat ihr Partner kein Eheversprechen gegeben, das ihn an eine andere Frau binden würde. Doch nicht selten fühlen sich viele Männer auch ohne Trauschein für ihre Partnerin verantwortlich. Manchmal gibt es gemeinsam durchlebte Ereignisse (zum Beispiel eine Abtreibung oder der Tod eines Familienmitglieds), die zwei Menschen ebenso aneinander binden wie ein Jawort vor dem Traualtar. Manchmal dauert eine Beziehung auch schon über Jahre an, und die dadurch gewachsene Vertrautheit ist der Grund, weshalb man den Partner nicht verlassen will. Oder es ist die Gewohnheit, aufgrund derer die Beziehung aufrechterhalten wird. Aus welchem Grund auch immer: Eine Bindung zu seiner Freundin muss es geben, sonst wären Sie nicht seine Geliebte. Im Allgemeinen sollte eine Geliebte in diesem Fall ebenso handeln wie bei einem verheirateten Liebhaber. Und schauen Sie sich den Mann an Ihrer Seite genau an: Natürlich könnte es sein, dass er sich doch irgendwann einmal von seiner Freundin trennt und Sie ganz offiziell an seiner Seite stehen können. Dann haben Sie die Wahl, ob Sie das überhaupt möchten oder nicht.

Apropos: Geliebte sollten ihrem Kind beziehungsweise ihren Kindern den Partner nicht verheimlichen. Das würde nur Misstrauen auslösen, und das Kind würde sich zurückgesetzt fühlen. Falsch wäre es jedoch auch, den Partner als neuen Vater vorzustellen. Mit diesem Begriff assoziieren besonders jüngere Kinder einen Menschen, der immer für sie da ist und sehr viel Zeit für sie hat. Ihr Kind würde sich wundern, wenn der Vater unregelmäßig vorbeischaut und weniger Zeit mit ihm verbringt als andere Väter mit ihren Kindern. Versuchen Sie stattdessen, den Partner so normal wie möglich in Ihren Alltag und den Ihres Kindes zu integrieren. Stellen Sie den Mann an Ihrer Seite einfach als einen sehr guten Freund vor, den Sie sehr lieb haben und den Sie schätzen. Als jemanden, der auch einmal mit zu Abend isst und sich die Zeit zum Fußballspielen nehmen sollte. Es wird nicht immer einfach für die Geliebte sein, dem Kind und dem Partner gleichermaßen gerecht zu werden. Gerade dann nicht, wenn der Mann mit der Geliebten zusammen ist, weil er dem Familienleben mit all seinen Pflichten und Verantwortungen entfliehen will. Doch auch ohne das Kind zu vernachlässigen, kann die Geliebte ihrem Partner zeigen, dass eine Mutter zugleich eine begehrenswerte Frau sein kann. Das heißt zum Beispiel, dass Sie ruhig einmal ein gutes Kindermädchen engagieren und einen schönen romantischen Abend mit dem Partner verbringen können. Dafür geht es am Tag darauf vielleicht mit dem Nachwuchs in den Zoo.

Als Geliebte leben – ein Weg zur Selbstverwirklichung

Wenn sich die Geliebte auf ihre eigene Person konzentriert, auf ihre Freunde und darauf, in ihren Lebensbereichen Erfüllung zu finden, ist sie auf dem richtigen Weg. Jeder Mensch hat Träume, Pläne und Hobbys, die er schon lange vernachlässigt hat und immer schon in Angriff nehmen wollte. Die Geliebte hat durch ihre Ungebundenheit die Möglichkeit, nicht nur von ihnen zu träumen, sondern sie zu realisieren.

Sie kann und sollte ihre freie Zeit, die sie ja nicht mit lästigem Hemdenbügeln, großen Familieneinkäufen oder nerviger Hausaufgabenhilfe verschwenden muss, aktiv nutzen. Also zum Beispiel zum Sport gehen, statt nur darüber zu reden. Oder, wenn die Geliebte eine Karriere anstrebt, kann sie sich auf diese konzentrieren, kann sich im Job engagieren, sich Ziele setzen und diese zum Beispiel durch Weiterbildungen nach und nach erreichen.

Neben einem Partner braucht jeder Mensch weitere Beziehungen, die Geborgenheit geben und Bestätigung vermitteln, zum Beispiel Beziehungen zu

Freunden und Kollegen; diese können neu aufgebaut oder bereits bestehende intensiviert werden.

Zu schön sind die Folgen: Einige Euros mehr, weil der Chef das Engagement würdigt und eine Gehaltserhöhung bevorsteht. Freunde und Bekannte, die sich geborgen und verstanden fühlen, weil die Geliebte sich ihnen in Ruhe widmen kann. Ein durchtrainierter und gesunder Körper, weil die Zeit für regelmäßigen Sport vorhanden ist, und falls die Geliebte Mutter ist, freut sich natürlich der Nachwuchs ganz besonders über die Extra-Zeit von Mama.

All das bringt einer Geliebten, unabhängig vom Partner, die Sicherheit, die sie im Alltag souverän und selbstsicher auftreten lässt und glücklich macht.

Extra-Zeit für Sie

Gönnen Sie sich in der Woche auch einmal Zeit, die Sie alleine verbringen, Zeit, in der Sie relaxen und abschalten können. Zum Relaxen sind oft keine aufwändigen Mittel oder Organisationstalente notwendig. Alles, was Sie hierfür brauchen, sind ein paar Minuten, in denen Sie niemand stört und in denen Sie Ihre Gedanken schweifen oder den Träumen freien Lauf lassen können. Schaffen Sie sich kleine Ruheoasen im Alltag. Setzen Sie sich zum Beispiel in der Mittagspause auf eine Parkbank und lesen Sie ein wenig in einem guten Buch. Wenn es sich einrichten lässt, machen Sie eine halbe Stunde früher als üblich Feierabend und spazieren Sie ein Stück in Richtung Zuhause. Gönnen Sie sich ein heißes Vollbad, oder gehen Sie einmal eine Stunde eher als sonst ins Bett, um zu lesen, nachzudenken oder Musik zu hören. Dies alles sind einfache Mittel, mit denen Sie viel Kraft tanken und Ruhe finden können.

Aller guten Dinge sind drei

Was bei vielen Menschen bleibt, die über eine Dreiecksbeziehung nachdenken, ist die Frage: Kann ein Mensch wirklich und guten Gewissens mehrere Personen gleichzeitig lieben?

Sicherlich kennen Sie den Ausspruch »Aller guten Dinge sind drei«. Diese Weisheit kommt nicht von ungefähr und ist beileibe nicht neu. Bereits in der Bibel ist die Rede von den Heiligen Drei Königen Kaspar, Melchior und Balthasar. Auch wird von der Heiligen Dreifaltigkeit gesprochen: Vater Gott, Sohn und Heiliger Geist. Weiterhin ist in der Bibel von den drei Erzengeln Raphael, Michael und Gabriel die Rede. Warum sind es immer drei?

Ganz einfach: Die Zahl drei steht für Vollkommenheit und Erfüllung.

Aller guten Dinge sind drei? Zugegeben, es mutet ein wenig merkwürdig an, wenn diese Formel auch auf die Liebe übertragen werden soll. Doch warum? Weil es unüblich ist, weil drei einer zu viel sind? Lassen Sie uns doch ein wenig weiterdenken – warum sollte für die Geliebte die Zahl drei nicht ebenso Einheit, Vollkommenheit und Erfüllung bedeuten?

Er, seine Frau/Freundin und die Geliebte – nicht als Team, das bewusst zusammenspielt, aber im weitergehenden Sinne durchaus als Konstellation, die von allen Beteiligten im Gleichgewicht gehalten wird: Sie wären keine Geliebte, wenn es seine andere Frau nicht gäbe. Ihr Partner wäre womöglich weniger ausgeglichen und entspannt, wenn es Sie nicht gäbe. Seine Frau käme nicht in den Genuss seiner Schokoladenseiten, die er dann zeigt, wenn er eben ausgeglichener und glücklicher ist, als wenn er keine Geliebte hätte.

Immer wieder aufs Neue ist es die alte Frage: Kann ein Mensch mehrere Personen gleichzeitig lieben? Die Antwort ist einfach: Warum nicht? Wie schon zuvor erwähnt, ist die Liebe ein unerklärbares Phänomen und unergründlich.

Ich habe das, was *sie* nicht hat

Wie sieht seine Ehefrau/Freundin aus? Was zieht sie an? Wie haben sie sich kennen gelernt? Wie klingt ihre Stimme? Wie groß ist ihr Busen? Wie ist sie im Bett? Was liebt er an ihr? Wie küsst sie? Was macht sie, wenn sie alleine ist? Wie redet sie mit ihm? Wo gehen sie abends hin? Weiß sie etwas?

Stopp! Natürlich ist sie, die Frau oder Freundin des Partners, ein Thema. Etwas anderes zu behaupten oder die wiederkehrenden Fragen nach ihr gar zu leugnen wäre eine Lüge. Dafür ist sie, die andere, viel zu wichtig. Schließlich wäre die Geliebte ohne diese Frau nicht das, was sie ist. Seine Frau gehört zum Geliebtenleben dazu. Trotzdem, und so viel sei vorweggenommen: Sich als Geliebte den Kopf zu zerbrechen über all die Fragen, ist vergeudete Energie. Lieber sollte diese Energie in das eigene Leben gesteckt werden. Das klingt einfacher als es ist? Wenn Sie daran zweifeln, dass die Fragen im Kopf gestoppt werden können, gehen wir die Sache doch gemeinsam an …

Der Tatort ist austauschbar: Ob beim Einkaufen, im Kino, im Job, beim Autofahren, auf der Toilette, beim Telefonieren, im Bett, beim Sport oder beim Zahnarzt – die Gedanken an die andere Frau drängen sich gerne und auch in den unmöglichsten Momenten dazwischen und vermiesen so vielen Geliebten den Tag. Gerade solche Geliebte, die zweifeln und sich noch nicht über die Vorteile ihrer Situation bewusst sind, lassen sich von ihnen leicht aus der Bahn werfen. Sie kommen ins Grübeln, malen sich die verschiendensten Situationen zwischen dem Partner und seiner Ehefrau aus, vergessen ihre Umwelt und liefern sich ganz der aufkommenden Eifersucht aus. Gefühle wie Angst, Neid, Hass fahren mit ihnen Achterbahn, und es drängen sich ihnen immer mehr Fragen auf: Hat die Frau nicht vielleicht auch heimlich einen Freund? Würde ich sie erkennen, wenn wir uns zufällig über den Weg laufen? Könnten wir Freundinnen werden, wenn wir uns irgendwo kennen lernen würden und nicht wüssten, dass wir denselben Mann lieben?

Sich diese Fragen einmal zu stellen ist völlig normal, sie sollten aber nicht Ihren Alltag dominieren. Es gibt einen Punkt, an dem die Fragerei ein Ende haben muss, sonst steigert man sich schnell in Eifersuchtsattacken hinein. Es kann dann zu Aggressionen und Depressionen kommen, zu Magengeschwüren und Hautausschlägen.

Gegen die Eifersucht aber können Sie etwas unternehmen. Die beste Hilfe ist es, die Ich-Stärke und das eigene Selbstbewusstsein aufzubauen. Menschen, die ihren eigenen Wert kennen und wissen, dass sie anziehend wirken, neigen weniger häufig zur Eifersucht. Das gilt auch für eine Geliebte, die sich selbst und ihr Leben liebt. Statt sich also Grübeleien hinzugeben, kann die Geliebte ihre Kraft besser verwenden, indem sie über ihre eigenen Fähigkeiten nachdenkt.

Es kommt darauf an, dass die Geliebte ihre Rolle akzeptiert, sich ihrer selbst sicher ist und mit einem gesunden Selbstbewusstsein auftritt. Nur so hat sie auch die Chance, eine glückliche Geliebte zu sein und die Frau oder Freundin ihres Partners nicht zum zentralen Thema zu machen. Warum auch sollte die andere Frau einen derart großen Platz im Leben der Geliebten einnehmen? Die Geliebte besetzt ihr eigenes Revier. »Sie fasziniert den Mann durch Sex und Erotik«, sagt der Diplom-Psychologe Dr. Arnd Stein aus Iserlohn: »Die Ehefrau ist eher der Mutti-Typ, sie kauft ein, macht die Wäsche etc. Das ist natürlich weniger aufregend.«

Zwar muss sich auch eine Geliebte um ihren Haushalt, Krankenbelange und Versicherungsfragen kümmern – aber wirklich nur um ihre eigenen Angelegenheiten. Ihr Partner hat damit nichts zu tun, die Geliebte ist nicht mitverantwortlich für seine organisatorischen Pflichten und er nicht für ihre. Im Gegenteil genießt er bei ihr ein Stück Freiheit, das ihm bei seiner Ehefrau fehlt, und er tritt somit bei der Geliebten viel gelöster auf. Dazu Diplom-Psychologe Dr. Arnd Stein: »Die Frau zu Hause hat er sicher, die Geliebte aber kann sich ihm jederzeit entziehen. Der Mann spürt, dass diese Frau innerlich nicht von ihm abhängig ist. Das reizt ihn.«

Auf der einen Seite bedeutet das, dass der Mann sich mächtig ins Zeug legen wird, um seine Geliebte bei sich und bei Laune zu halten. Schließlich ist sie für ihn die Frau, mit der er schöne Momente erlebt, die er bestimmt nicht missen will. Auf der anderen Seite sollte sich die Geliebte ihrer eigenen Freiheit und Unabhängigkeit jeden Tag aufs Neue bewusst sein. Ja, sie kann gehen, sie kann selbst entscheiden, was sie will und was sie nicht will.

Es wäre ein falscher Blickwinkel, die Frau des Partners womöglich als eine Rivalin zu sehen. Sie ist keine Konkurrentin. Das Leben der Geliebten und das der Ehefrau sind viel zu unterschiedlich, als dass die Frauen in Konkurrenz zueinander stehen könnten. Sie besetzen jeweils eine ganz eigene Rolle, und dafür werden sie aus gänzlich verschiedenen Gründen vom Partner geschätzt. Stutenbissigkeit ist völlig fehl am

Platz. Lieber sollte die Geliebte seine Ehefrau als Verbündete sehen und insgeheim auch gerne als eine Art Freundin. Denn die Freiheit, Unbeschwertheit und Unabhängigkeit verdankt die Geliebte vor allem auch ihr. Wenn Sie noch nicht überzeugt sind, lesen Sie die folgende Aufzählung, die veranschaulicht, was seine Ehefrau oder Partnerin alles tun muss und welche Verpflichtungen sie ihm gegenüber hat:

- Sie muss die Wohnung putzen.
- Sie muss seine dreckigen Unterhosen waschen, seine Hemden bügeln, seine Anzüge zur Reinigung bringen und seine Knöpfe annähen.
- Sie muss für ihn kochen.
- Sie muss auch seine schlimmsten Hobbys ertragen.
- Sie muss ihn bei Krankheit pflegen.
- Sie muss mit seinen Launen leben.
- Sie muss ihre Bedürfnisse zum Wohle der Familie zurücknehmen.
- Sie muss auch schlechten Sex hinnehmen.
- Sie muss die Kinder miterziehen.
- Sie muss sich mit der Hausaufgabenhilfe herumplagen.
- Sie muss mit ihm zum Baumarkt fahren.
- Sie muss auch seine schlimmsten Freunde ertragen.
- Sie muss mit ihm über langweilige Dinge wie die Steuern sprechen.
- Sie muss ihm im Notfall Geld geben.

- Sie muss sein Schnarchen ertragen.
- Sie muss bei öden Familienfeiern die gut Gelaunte spielen und sich mit seinen Verwandten herumschlagen.
- Sie muss für ihn einkaufen gehen.
- Sie muss immer da sein – das wird von ihr erwartet.

Verdammt gut, dass es *sie* gibt. Mit was Sie, die Geliebte, sich alles herumplagen müssten, wenn *sie* nicht da wäre: Wahrscheinlich würde der Mann Ihnen mit knurrendem Magen den ganzen Kühlschrank leer essen, eklig nach Schweiß riechen und ständig dreckige Klamotten tragen, weil seine Sachen nicht gewaschen wären. Oder er würde eben überhaupt keine Zeit mehr für Sie haben, weil er die Kinder noch zum Ballettkurs oder Fußballtraining fahren muss und/oder den kompletten Haushalt managen.

Das ist der richtige Denkansatz: Es ist wie so oft im Leben; etwas mag auf den ersten Blick vielleicht nicht angenehm sein, ist aber im Endeffekt doch nötig, um etwas Schönes erleben zu können. Zum Beispiel die bittere Kälte im Winter, die uns manchmal fluchen lässt, aber doch nötig ist, um auf zugefrorenen Teichen herrlich Schlittschuh laufen zu können. Der lästige Fettgestank in der Imbissbude ist unumgänglich, will man dort die vielleicht leckersten Pommes kaufen. Oder das nervige Anstehen an der Kinokasse, um anschließend bei einer Hollywood-Komödie herzlich zu lachen. Und auch das frühe Aufstehen lässt sich nicht vermeiden, wenn man einen sensationellen Sonnenaufgang sehen will. Und die Frau oder Freundin des Partners garantiert, dass Sie entspannte Stunden mit ihm erleben können.

Gut, dass es *sie* gibt. Und es ist daher nur fair, ihr zu wünschen, dass auch sie Schönes erlebt.

Wenn die Fragen nach *ihr* drängen

Doch noch immer sind da die Fragen nach seiner Frau? Sie quälen und nerven und belagern das Stimmungszentrum? Gut, manche Geliebte wollen wissen, um verstehen zu können. Sie brauchen Antworten auf ihre Fragen, um zu sich zu finden und sich in ihrer Rolle als Geliebte wohl fühlen zu können. Wenn das auch auf Sie zutrifft, seien Sie offensiv: Fragen Sie! Aber tun Sie sich sowie dem Mann den Gefallen und gehen Sie nicht zu sehr ins Detail. Überlegen Sie sich gut, welche Fragen für Sie wirklich von Bedeutung sind. Warum sollten Sie wissen wollen, ob seine Frau einen großen Busen hat, vielleicht einen größeren als Sie? Sollte dies tatsächlich der Fall sein, können Sie zunächst einmal nichts daran ändern. Würde Ihr Partner unbedingt große Brüste im Leben brauchen, Sie hätten aber keine, wäre er nicht bei Ihnen. Also bitte: Fragen wie diese bringen nichts! Es nützt Ihnen auch nichts, zu erfragen, warum er mit ihr zusammen ist. Vielleicht kann sie gut zuhören, vielleicht ist sie eine gute Mutter, vielleicht teilt sie eine Hobbyleidenschaft mit ihm. Und? Auf jeden Fall ist er jetzt auch mit Ihnen zusammen, und das wird Gründe haben, und auf die sollten Sie sich konzentrieren.

Kurzum: Lassen Sie es! Verschwenden Sie Ihre Energie nicht für Unbedeutendes. Fragen Sie nach ihrem Namen, und lassen Sie sich eine Kurzbeschreibung geben, das sollte reichen. Bevor Sie sich problembehaftete Lebensstorys anhören müssen, denken Sie lieber an den altbewährten Ausspruch: Was ich nicht weiß, macht mich nicht heiß. Da ist wirklich viel Wahres dran, und wenn Sie diese Worte beherzigen, können Sie sich auf Ihr Leben und Ihre Partnerschaft konzentrieren.

Und wenn Sie zufälligerweise Ihren Partner mit seiner Frau/Freundin treffen, er Sie wie Luft behandelt oder als »eine Bekannte aus dem Büro« vorstellt, bleiben Sie ruhig, und regen Sie sich nicht darüber auf. Was soll er denn anderes tun? Er ist derjenige, der arm dran ist, weil er aus seinem Glück ein Geheimnis machen muss. Sie aber können darüber nur lachen. Sie können ihr Glück genießen und haben von ihrer Seite aus nichts zu verbergen.

Natürlich gibt es noch die scheinbar heiklen Ausnahmekonstellationen, wenn die andere zum Beispiel die beste Freundin, die Schwester oder Lieblingsarbeitskollegin ist. Doch so kompliziert diese Konstellationen auf den ersten Blick erscheinen mögen – letztlich geht es immer um das Gleiche: Die Geliebte ist die Geliebte, die Frau die Frau, und beide profitieren voneinander. Und die darum wissende Geliebte sollte der anderen dankbar sein für ihre Freiheit und Unabhängigkeit.

Die Geliebte sollte sich auch nicht lange die Frage stellen: Muss ich irgendwelche Schuldgefühle gegenüber der anderen Frau haben? Die Antwort ist ein klares Nein. Zunächst einmal ist es der Mann, der für seine andere Beziehung verantwortlich ist, und nicht die Geliebte. Zum anderen darf sich die Ehefrau/Freundin, wenn auch unwissend, freuen. Schließlich hat sie dank der Geliebten häufig einen zufriedeneren Mann an ihrer Seite. Das wurde durch eine Umfrage auf der Internetseite www.diegeliebte.de ermittelt: Danach können 54 Prozent all jener, die ihren Ehepartner betrügen, aufgrund ihrer Zweitbeziehung die Aussage treffen: »Ja, ich bin entspannter, dadurch hat sich die Ehe verbessert.« Und so sollte es auch sein.

Berichtet der Partner aber abendfüllend über seine Frau oder Freundin, sollte die Geliebte ihm klipp und klar sagen, dass sie das nicht interessiert, sondern nervt. Kann er es trotzdem nicht lassen und klagt in einer Tour weiter sein Leid, drücken Sie ihm die Adresse einer guten Eheberatungsstelle in die Hand. Schließlich sind Sie weder seine Psychologin noch eine Mülltonne für seine Probleme in seiner Beziehung. Sie sind auch nicht dafür verantwortlich, ihm zu helfen, wenn er sich über seine Ehefrau beklagt, über ihr Benehmen und Verhalten.

Sollten Sie trotz allem ab und an von Eifersucht befallen werden, freuen Sie sich einfach über die netten Nebeneffekte. Nicht nur, dass laut einer Umfrage für 77 Prozent der deutschen Frauen und für 79 Prozent der Männer Eifersucht ein Zeichen von Liebe ist – nein, wissenschaftliche Untersuchungen haben darüber hinaus ergeben, dass eifersüchtige Menschen mehr vom Sex haben. So sind Frauen hingebungsvoller und orgasmusfähiger, Männer feuriger und potenter. Denn Eifersucht spornt die Leidenschaft an. Na bitte, selbst die Eifersucht, in Maßen versteht sich, kann als ein zusätzliches Dankeschön an *sie* verstanden werden.

Mit (der eigenen) Sicherheit ein gutes Gefühl

Die Tür fällt ins Schloss. Er ist weg und das Ego vieler Geliebten stark angekratzt. Dabei war es nur ein Streit, eine kleine Auseinandersetzung, eine minimale Meinungsverschiedenheit – etwas, das zum Alltag vieler Beziehungen gehört. Für zahlreiche Geliebte ist es aber schon allein deswegen eine Ausnahmesituation, weil sie einen Alltag mit dem Freund in diesem Sinne nicht kennen. Und so fiebern die Geliebten dem Treffen entgegen und machen es sich selbst zur Auflage, dass in den Stunden der Zweisamkeit alles stimmen muss: die perfekte Harmonie, damit nichts die wertvollen gemeinsamen Momente zerstört. Läuft aber etwas schief, und das Geplante gerät aus den Fugen, suchen viele Geliebte sofort die Schuld dafür in ihrer eigenen Person: Der Partner ist sauer oder schlechter Laune, und plötzlich ist bei vielen Geliebten die Angst da, sich falsch verhalten oder etwas Falsches gesagt zu haben. Nicht selten sehen sich die Geliebten dann sogar als alleinigen Auslöser für seine schlechte Stimmung. Das muss sich ändern!

»Natürlich ist und bleibt ein Treffen zwischen der Geliebten und ihrem Partner eine Besonderheit. Das bringen die Umstände so mit sich«, erläutert die Berliner Psychologin Dr. Monika Thurke und fügt hinzu:

»Doch statt diese Besonderheit zu genießen, bauen sich viele Geliebte etliche Barrikaden im Kopf auf und machen ihre Stimmung abhängig von der des Partners.« Auf der Strecke bleibt dabei nicht selten die Persönlichkeit der Geliebten, die doch eigentlich einen Menschen unverwechselbar und einzigartig macht.

Dazu Dr. Monika Thurke: »Bevor sie sich also womöglich eine Maske aufsetzt oder hinter einer gespielt-perfekten Fassade versteckt, sollte sich die Geliebte die Gesamtsituation bewusst vor Augen führen.«

Die Basis einer jeden Beziehung

Die Geliebtenbeziehung ist nach Meinung vieler Außenstehender keine »normale« – und auch wenn dies sogar in einigen Punkten zutrifft, bleibt festzuhalten: Es ist eine Verbindung zwischen zwei Menschen, die sich lieben. Die Liebe ist die Basis einer jeden Partnerschaft, darin unterscheidet sich die Geliebtenbeziehung nicht von anderen. Und demnach sollten in der Geliebtenbeziehung auch dieselben Regeln herrschen wie in anderen Partnerschaften: Kurz gesagt, es geht um Verständnis, Toleranz, Vertrauen, Kompromissbereitschaft sowie Akzeptanz der anderen Person mit ihren Ecken und Kanten – das sind die Grundsäulen einer jeden Beziehung.

Gleichgewicht zwischen Rechten und Pflichten

In Geliebtenbeziehungen ist der Partner oft der Ansicht, die Geliebte müsse sich in der zeitlichen Planung immer nach ihm richten. Schließlich sei er derjenige, dessen Zeit knapp bemessen sei, schließlich habe er neben dem Job noch eine Familie, die ebenfalls Zeit mit ihm verbringen wolle. Wenn die Geliebte dann einmal nicht zu erreichen ist oder ein Treffen mit dem Partner absagen muss, macht er ihr nicht selten Vorwürfe. Teilweise geschieht dies mit deutlichen Worten, teilweise auch unterschwellig: Wenn sie ihn sehen wolle, müsse sie sich schon nach ihm richten und letztendlich rund um die Uhr für ihn erreichbar sein. Doch nicht nur der Partner hat ein eigenes Leben, in dem er zuweilen sehr eingespannt ist – auch der Geliebten kann bei der gemeinsamen Planung einmal etwas dazwischenkommen. Sei es ein Auftrag vom Chef, der dringend erledigt werden muss, oder ein plötzlicher Anruf von der besten Freundin, die um Hilfe bittet.

Auch die Geliebte hat Freunde, Verwandte und Bekannte, mit denen sie Zeit verbringen möchte und auch sollte – Menschen, die sie ab und an in die Pflicht nehmen und ihre Hilfe brauchen. So geht es in jeder Beziehung immer auch um Respekt vor der jeweiligen Lebenssituation des anderen und um Verständnis für die gesetzten Prioritäten. Unternehmungen mit eigenen Freunden, Bekannten oder den

Arbeitskollegen stärken die zwischenmenschlichen Bindungen, die jeder Mensch braucht, auch die Geliebte. Und das Recht, selbst etwas Spontanes zu unternehmen, einen Kurztrip übers Wochenende mit Freunden zum Beispiel oder eine spontane Verabredung zum gemeinsamen Abendessen im Restaurant mit Arbeitskollegen, sollte sich die Geliebte nehmen. Denn das alles sind spontane Entscheidungen, sich selbst etwas Gutes zu tun, sie machen das Leben lebenswert und vermitteln uns ein Stück Freiheit.

Auch wenn der Partner meint, das alleinige Recht auf Stress oder schlechte Laune zu haben, sollte ihn die Geliebte darauf ansprechen. Jeder kennt Tage, an denen sich alles gegen einen verschworen zu haben scheint und alles schief läuft: Der Chef meckert, die Kollegen haben etwas auszusetzen, die Nachbarn grüßen nicht, auf den Straßen staut sich der Verkehr, das Essen brennt an, und, und, und. Auf Knopfdruck zu lachen ist an solchen Tagen unmöglich. In jeder gesunden Verbindung zweier Menschen versucht der Partner dann, den anderen wieder aufzubauen. Wenn die Geliebte einen schlechten Tag hatte, sollte es auch für sie keinen Grund geben, weshalb sie ihrem Partner die gut Gelaunte vorspielen müsste.

Abgesehen von dem schon angesprochenen Ungleichgewicht der Rechte und Pflichten verstärkt seine Erwartungshaltung zudem eventuelle Schuldgefühle einer Geliebten. »Sicher fällt es nicht leicht, einem Menschen, den man mag, zu sagen, was einem an ihm nicht gefällt«, sagt die Psychologin Dr. Monika Thurke. »Doch bleibt es unerwähnt, wird sich nichts ändern und die Geliebte leiden. Und genau das braucht sie nicht zu tun. Sie hat doch den Handlungsspielraum und sollte diesen nutzen.« Das gilt zum Beispiel, wenn die Geliebte in ihrem Privatleben arg zurückstecken und immer auf ihn Rücksicht nehmen muss. Das gilt auch, wenn beim Sex nur der Partner seine Wünsche verwirklicht und die Geliebte unbefriedigt auf der Strecke bleibt. Oder wenn nur der Partner seine Launen ausleben darf und er umgekehrt die Geliebte an ihren schlechten Tagen links liegen lässt. Oder wenn die Geliebte ihre Meinungen und Ansichten zu verschiedenen Themen wie Politik, Sport und Umweltfragen, die sich über die Jahre hinweg gefestigt haben, über den Haufen werfen soll, nur weil der Partner eine andere Auffassung vertritt. Situationen wie diese sind klassische Beispiele für eine einseitige Beziehung, in der die Gleichberechtigung fehlt. Befindet sich eine Geliebte in einer solchen Situation, sollte sie unbedingt in die Offensive gehen und ihre Wünsche, Forderungen und Vorstellungen von einer Partnerschaft mitteilen.

Selbstwertgefühl und Abhängigkeit

Vielen Geliebten fällt es schwer, dem Partner ihre Ansichten, Wünsche und Kritikpunkte zu vermitteln.

Schuld daran ist häufig ein beschädigtes Selbstbewusstsein, was wiederum oftmals an der gesellschaftlichen Stellung der Geliebten liegt: Die Akzeptanz durch die Außenstehenden fehlt; die Geliebte befindet sich für die Öffentlichkeit außerhalb der Norm. Daher ist es wichtig, dass sich die Geliebte selbst auf ihre Stärken und wertvollen Charakterzüge besinnt. Ein Schritt, um sich darüber bewusst zu werden, ist zum Beispiel, Freunde zu fragen, was sie an einem mögen. Auch von Arbeitskollegen zu hören, was sie an einem schätzen, kann sehr aufbauend sein.

Zudem sollte sich die Geliebte ihrer Situation und der Verteilung der Abhängigkeiten bewusst sein: Der Mann, ihr Partner, setzt letztendlich viel mehr aufs Spiel als die Geliebte, schließlich ist er verheiratet. Nur die zweite Geige? Eigentlich ist sie das nur in den Köpfen der anderen: Die Geliebte ist es ihm wert, seine Ehe aufs Spiel zu setzen. Egal ob er seine Ehefrau verlassen will oder nicht, er führt eine außereheliche Beziehung. Sich klar zu machen, dass nicht nur die Geliebte – wie viele denken – vom Partner abhängig ist, sondern der Partner auch von der Geliebten, sollte eine weitere Bestätigung für das Selbstbewusstsein sein. Und abgesehen davon, ist es nicht die Geliebte allein, die vieles daransetzt, den Mann zu sehen, es ist auch der Partner, der sich immer wieder mit der Geliebten treffen möchte, der sie besucht, der sie anruft.

Die eigene Unsicherheit und das Gefühl, an allem schuld zu sein, kann natürlich auch durch Verlustängste ausgelöst werden. Doch auch das sind normale Gefühle: In jeder wertvollen Beziehung zweier Menschen existiert die Angst, den anderen zu verlieren. Eine Sicherheit oder Garantie für ewiges Zusammensein gibt es jedoch nie. So ist jede Beziehung von Aufs und Abs geprägt, von Schwankungen der Gefühle – was durchaus auch sehr förderlich sein kann: Denn durch das ständige Reflektieren über das Beisammensein sowie durch das Arbeiten an der Partnerschaft wird diese gestärkt.

Die Geliebte sollte nicht bei sich selbst die Schuld suchen oder zu grübeln beginnen, ob sie etwas falsch gemacht hat, wenn der Partner einmal schlecht gelaunt die Wohnung verlässt oder sie etwas gesagt hat, was er nicht verstehen kann. Und selbst wenn es wirklich falsch war – in jeder Beziehung werden, wenn die Liebe groß genug ist, Fehler verziehen. Und in einer solchen Verbindung sollte dem anderen auch immer die Möglichkeit gegeben werden, sich zu entschuldigen. Es ist wichtig, die eigene Situation realistisch einzuschätzen und sich nicht aufgrund einer gefühlten Unsicherheit für alles verantwortlich zu machen.

Sicher kehrt bei einem Ehepaar der Partner nach

dem ein oder anderen Streit spätestens am Abend zwangsläufig wieder zurück in das gemeinsame Haus. Wenn der Mann die Geliebte wütend verlässt, spürt sie nicht die Sicherheit einer Ehefrau, dass er in ein paar Stunden zurückkommen wird.

Diese Situation sowie die empfundene Sicherheit auf der einen beziehungsweise die Unsicherheit auf der anderen Seite kann auf die gesamte Beziehung von Ehepartnern und Geliebten übertragen werden: Der Ehemann hat seiner Frau das Jawort gegeben, allein das vermittelt ihr eine gewisse Sicherheit. Viele Geliebte hingegen fühlen diese nicht, weil sie nicht mit ihrem Freund zusammenwohnen, weil es kein gemeinsames und offizielles Auftreten gibt und vielleicht auch, weil eine andere das Jawort bekommen hat. Doch das Gefühl von Sicherheit auf Seiten der Ehefrau ist ein trügerisches Gefühl – letztendlich gibt es sie in keiner Beziehung.

Fühlen Sie sich als Geliebte nach einem Streit oder bei schlechter Laune Ihres Freundes oft für alles verantwortlich, sollten Sie sich fragen, was die wirklichen Gründe dafür sind: Ist es die Angst, den Mann zu verlieren? Ist es die Unsicherheit, dass er jetzt womöglich die Beziehung beenden könnte? Zweifeln Sie daran, dass er Sie jetzt noch liebt?

Wenn Sie diese Fragen mit einem Ja beantworten können, sollten Sie herausfinden, weshalb Sie sich oft als Auslöser oder Grund für Streitigkeiten sehen. Nur so können Sie sich schließlich von Ihren Schuldgefühlen befreien. Oft ist es auch hilfreich, Freunden die schwierigen Situationen Ihrer Beziehung zu schildern und sie um ihre ehrliche Meinung zu bitten. Außenstehende haben einen sehr objektiven Blick auf die Dinge und öffnen uns nicht selten die Augen.

Ein gesundes Selbstbewusstsein ist es, was uns für das eigene Handeln einstehen und zu uns selbst stehen lässt. Wie in jeder Beziehung ist es auch in der Geliebtenbeziehung wichtig, authentisch zu bleiben. Sich eben nicht hinter eine Maske zu verstecken. Wer Fassaden aufbaut, wird nach und nach nur unzufriedener, und das wirkt sich auch auf eine Partnerschaft negativ aus.

Sollte der Partner also schlechte Laune haben, einmal ein Treffen absagen oder sich verspäten, beim Sex nicht so recht bei der Sache sein oder auch einmal keine Lust haben, sollte er komplett anderer Meinung sein oder auch eher gehen, als zuvor ausgemacht war – es gibt genügend Umstände in seinem Leben, die dafür verantwortlich sein können. Die Schuld hierfür sofort und ausschließlich bei sich selbst zu suchen, wäre ein Fehler.

Alle Jahre wieder: die alltagsfernen Tage

Alltag ist das eine, und etwa 115 Tage im Jahr sind das andere: Weihnachten, Ostern und viele weitere Feiertage, die Wochenenden und der Geburtstag. Zugegeben, auf den ersten Blick sind das die absoluten Horrortage, doch wahrscheinlich liegt das mehr an der Tatsache, dass es andere so sehen. Jene, die jedes Jahr wieder gähnend die gleichen Hände schütteln, den Butterkuchen von Tante Helga essen und den Verwandten Besuche abstatten müssen. Auch für diejenigen, die an diesen Tagen mit sich selbst nichts anzufangen wissen, können die Feiertage nicht schnell genug vergehen. Für viele Menschen sind es also langweilige und freudlose Tage.

Doch warum sollte die Geliebte an solchen Tagen leiden? Warum sollte sie an Weihnachten nicht glücklich sein? Wenn andere die Augenbraue heben und fragen: »Alleine, ohne den Partner?«, lacht die Geliebte. Pustekuchen! Während vielerorts Trübsal geblasen wird, hat sie die Chance, erst so richtig zu leben. Schließlich gibt es eine Menge schöner Dinge, die im Alltag aufgrund von Zeitmangel oft auf der Strecke bleiben, und vieles, was sowieso lieber ohne den Partner unternommen werden sollte.

Wochenende

Freitag und endlich Feierabend! Das Wochenende ruft, und bevor es losgeht, sollte eines klargestellt werden: Man kann essen und man kann e-s-s-e-n. Man kann fernsehen und man kann f-e-r-n-s-e-h-e-n. Man kann ins Fitnessstudio gehen und auf dem Laufband joggen und man kann … – um es abzukürzen: Egal was man unternimmt, wichtig dabei ist, wie man die Dinge angeht und erlebt. Statt sie vorbeiziehen zu lassen, sollten Sie sie zelebrieren und bewusst genießen. Und genießen kann man alles, selbst Alltägliches wie essen oder fernsehen. Natürlich kann man sich vor die Glotze hauen, ein wenig von Programm zu Programm zappen und so am nächsten Morgen nicht einmal mehr genau wissen, welcher Film überhaupt lief, geschweige denn, wovon er handelte.

Viel schöner aber ist es, sich auf dem Nachhauseweg im Weinhandel ein edles Schlückchen zu besorgen, dazu ein paar feine, krosse Blätterteig-Käsestangen oder Schokohäppchen. Dann wird alles griffbereit rund ums Sofa drapiert, das Telefon abgestellt, die Kuscheldecke hervorgeholt, ein paar Kerzen werden angezündet, das Fernsehprogramm wird studiert, ein Film ausgewählt oder ein Video eingelegt, und dann werden nach einer langen, anstrengenden Woche die Beine hochgelegt. Einschalten und endlich abschalten. Erholung pur, für Körper und Seele. Die Geliebte kann es sich leisten.

Die Geliebte kann auch am Samstag ausschlafen – vorausgesetzt sie muss nicht arbeiten – und eine gute Freundin zum ausgedehnten Brunch einladen. Kein Augenreiben und Gähnen, weil es noch viel zu früh am Morgen ist, und keiner, der beim Lästern über die Jobkollegen stört, beim Schmieden von Urlaubsplänen, beim Schwärmen über den Lieblingsschauspieler oder beim Vorführen von neuen Dessous. Und abends? Abends ruft die Pizza oder Pasta beim neuen Italiener im Szeneviertel. Eine Premiere in der Staatsoper, ein spannendes Buch oder ein interessantes Hörspiel. Der neueste Kinofilm mit erwähntem Lieblingsschauspieler oder ein lustiger Mädels-Kochabend. Von wegen Langeweile!

Sonntags laden Museen und Ausstellungen ein, gemütliche und auch szenige Cafés mit sündigen Sahne- oder Streuselteilchen, Flohmärkte zum Stöbern, Parkanlagen und Wälder zum Spazierengehen.

Und bei einem Spaziergang können Tierfreundinnen, wenn sie mögen, eine gute Tat tun, die auch noch Spaß macht: In vielen Städten bieten Tierheime die Möglichkeit an, sich für ein bis zwei Stunden einen Vierbeiner »auszuleihen«. Die Hunde flippen vor Freude meist total aus und bedanken sich für den Besuch mit Kuschelbedürfnis. Da die Tierheime meist feste Ausgehtermine haben, sollten Sie jedoch dort anrufen, bevor Sie sich auf den Weg machen, und die Zeiten abklären.

All dies sind Beispiele für Beschäftigungen, die unterhaltsam und erholsam sind, und es bleibt keine Zeit für Einsamkeit oder das Warten aufs Telefonklingeln. Warum auch? Es ist Wochenende, und während der Partner sich mit Familieneinkäufen und Schwiegermutterbesuchen herumplagt, können Sie Ihr Wochenende genießen. Sie können tun und lassen, worauf Sie allein Lust haben. Und wer sonst kann das schon von sich sagen? Sie können Freunde treffen und bis spät in die Nacht ausgehen – oder auch einen ruhigen Abend daheim genießen. Die Wahl liegt allein bei Ihnen!

Ostern

Das Gleiche gilt für Ostern – nur wird es doppelt so schön, weil es doppelt so lang ist. Von einem Urlaub im Süden ist allerdings trotzdem eher abzuraten. Die Feiertage fallen bekanntlich in die Ferien der Schulkinder, und so sind die Flugpreise höher als sonst. Steigen Sie lieber ins Auto (Tipp: Viele Autofirmen bieten für Wochenenden und Feiertage Sonderkonditionen an. Sie sollten sich früh entscheiden und buchen, da die Wagen schnell vergeben sind!) oder auf den guten alten Drahtesel. Wettergott Petrus zeigt sich um Ostern herum oftmals recht mild und äußerst freundlich.

Also auf, denn Ausflugsziele gibt es viele, und bestimmt haben Sie eine Freundin oder Bekannte, die sich aus irgendwelchen Gründen mit ihrer ganzen Sippe verkracht hat, seitdem ebenfalls die freien Tage für Freizeitaktivitäten nutzt und gerne mitkommt. Zum Beispiel wenn es um ein ausgedehntes Wellness-Vergnügen geht. Sollen sich andere doch, genötigt durch eine Du-musst-artig-den-Teller-leer-essen-Erziehung, voll stopfen mit schwerem Osterbraten und Schokoladeneiern und sich Tage später über die angefutterten Pfunde beklagen – die Geliebte kann darüber nur lächeln. Sie kann sich verwöhnen lassen, während die anderen versuchen, alle Familientermine unter einen Hut zu bringen, und im ganzen Stress auch noch heile Welt spielen müssen.

Auf Beauty- und Wellness-Farmen können Sie sich, am besten mit einer Freundin, wohltuende Gesichtsmasken, Peelings, Saunagänge, Ruhephasen, Körperduschen, Fußbäder und Massagen gönnen. Sie finden Erholung und können neue Energie tanken. Wenn die Mitmenschen nach diesen Tagen gestresster als vor den Feiertagen wieder zur Arbeit gehen, dürfen sie über eine erholte Geliebte staunen. Ganz zu schweigen von dem Partner, der wohl ziemlich große Augen machen dürfte, wenn seine Geliebte sich entspannt und mit samtweicher Haut neben ihm auf dem Bett räkelt.

Gewusst, wie! Das ist das Geheimnis, das Sie kennen und nutzen sollten. Sie sind frei und sollten lieber nicht zu laut darüber schwärmen, was Sie alles erlebt haben: Denn vor lauter Neid werden die anderen die Feiertage noch mehr verteufeln und dazu ihre ganze Sippschaft inklusive der Verpflichtungen.

Zum Abschluss noch ein Tipp für die Ostertage: Es muss nicht einmal gebuchtes Wellness-Vergnügen sein. Zur Erholung können Sie tagsüber auch in einen der vielen Zoos und Tierparks gehen. Gerade zur Osterzeit gibt es dort nicht nur Lämmer auf noch unsicheren Beinen. Viele Tiere präsentieren rund um die Osterzeit stolz ihren Nachwuchs. Und später am Tag, da gibt es dann zum Beispiel das nicht zu verachtende Wochenendprogramm.

Geburtstag

So vergehen die Tage, und zweimal im Jahr wird es einen wichtigen Geburtstag geben – pardon, der der besten Freundin sowie die Geburtstage aus engstem Familienkreis werden an dieser Stelle einmal außer Acht gelassen. Vielmehr geht es um den Geburtstag der Geliebten und den ihres Partners.

Sie meinen, das sei kein Grund zum Feiern? Von wegen! Denn während der Mann zu Hause bei Ehefrau und vielleicht auch Kindern das seit Jahren unveränderte Programm erlebt – Küsschen, Rasierwasser und ein Lächeln –, hat die Geliebte genügend Zeit, es ihrem Liebling wirklich schön zu machen. Sie kann ihn beim nächsten Wiedersehen überraschen. Womit? Das weiß sicherlich jede Geliebte selbst am besten. Nachgefeierte Geburtstage finden nur jene Menschen schlimm, die darin mehr eine Pflichtveranstaltung sehen. Für die Geliebte und ihren Partner ist jedes Treffen ein rauschendes Fest. Und wenn es dann sogar noch einen offiziellen Anlass gibt – egal ob eine oder zwei Wochen später nachgefeiert wird –, ist dies noch ein Grund mehr, das Leben zu genießen und zu feiern.

Über ihren eigenen Geburtstag sollte die Geliebte sich erst gar nicht lange Gedanken machen. Schließlich ist sie diejenige, die überrascht wird. Vielleicht kommen auch, wie alle Jahre wieder, die lieben Eltern mit einem Blumenstrauß und Kuchen vorbei. Vielleicht nimmt sich ihr Partner frei und verbringt den Tag mit ihr. Oder einige Freundinnen schauen vorbei, und dann geht es in eine nette Bar mit gut aussehenden Männern (ja, Männern: Die Geliebte ist unabhängig und frei), und wahrscheinlich fallen Sie viel, viel später zufrieden ins Bett.

Was genau passieren wird, darüber kann die Geliebte ein wenig spekulieren und notgedrungen, bevor es zu Terminengpässen kommt, sollte sie auch selbst ein wenig planen.

Kaum noch Zweifel kann es mittlerweile an den Vorteilen von Wochenenden und alltagsfernen Tagen geben. Die Geliebte hat die Möglichkeit, Unternehmungen spontan zu starten, für die sich eine gestresste Ehefrau und Mutter extra Zeit freischaufeln müsste und die daher oft schon bei der Planung scheitern. Denn wenn scheinbar Ruhe im Haus einkehrt, ist endlich Zeit für Themen wie Altersvorsorge, Kindererziehung, Autoversicherung, Mietpreise, Stromnachzahlung, Ärger mit den Nachbarn und unerledigte Rechnungen, über die die Ehefrau mit dem Mann sprechen muss. Überhaupt nicht erotisch, das alles. Sich dies vor Augen zu führen und sich klar zu machen, dass man als Geliebte über sein Tun und Handeln selbst entscheiden kann, lässt die übers Jahr verteilten Feiertage nur noch mehr wie Urlaub erscheinen.

Apropos Urlaub: Berufstätige kennen den Vorzug so genannter Brückentage. Fällt ein Feiertag zum Beispiel auf einen Donnerstag, dann fehlt nur noch der Freitag für ein superlanges Wochenende. Also einfach freinehmen, und so werden aus einem genommenen Urlaubstag gleich vier, und die eignen sich hervorragend für einen Städtetrip. Wie wäre es zum Beispiel mit Shoppen in Mailand? Ein bisschen Baguette-Luft schnuppern in Paris oder durch Grachten schippern in Amsterdam? Nutzen Sie Ihre Freiheit und Unabhängigkeit, um das zu tun, was die anderen nicht können: dem Alltagstrott spontan entfliehen.

Zu guter Letzt steht alle Jahre wieder, pünktlich im Dezember, das Weihnachtsfest vor der Tür. Was das heißt und mit sich bringt, muss eigentlich nicht mehr großartig erklärt werden. Die meisten Erdenbürger kennen es doch zur Genüge: den ganzen Stress um das Geschenke-Einkaufen inklusive der skrupellosen Mitmenschen, die sich mit voll gestopften Tüten durch die engsten Gänge drängeln, Geschubse, Gegrapsche, Gekreische und am Ende unterm Baum nur ein Haufen zerfetztes Papier.

Wie schön, an Weihnachten eine Geliebte zu sein! Während der Partner genervt der Schwiegermutter zulächelt und sich noch einen kleinen Weinbrand gönnt, um das alles ertragen zu können, sich gezwungen für das eigentlich verhasste Rasierwasser bedankt und heuchelnd verkündet »Super«, genießt die Geliebte ihre Ruhe. An ihrer Seite hat sie all die Verbündeten, die ebenfalls schon längst die Vorteile des frohen Fests erkannt haben. An vorderster Front stehen die Fernsehgesellschaften. So oft zu Unrecht verteufelt, machen sie es der Geliebten und anderen mit einem tollen Spielfilm-Programm einfach, das hektische und aufgesetzte Drumherum zu vergessen. Sollen die anderen sich doch stressen, die Geliebte kuschelt sich lieber unter die Decke, knabbert Kekse und schlürft zufrieden einen heißen Kakao. Sie kann sich aussuchen, ob sie das Fest mit der Familie verbringen will oder später, wenn sich die Hektik gelegt hat, dazustößt, ob sie Freunde besucht, mit ihnen ausgeht oder auch zufrieden abends früh ins Bett geht und die Zeit mit einem guten Buch verbringen möchte.

Alle Jahre wieder, für die Geliebte ist es auf jeden Fall ein entspanntes Fest, und fast wäre es doch wünschenswert, dass immer Weihnachten ist. Denn Trübsal zu blasen und vor dem Tannenbaum vor lauter Alltagsfrust in Tränen auszubrechen, das kommt für die Geliebte nicht infrage. Sie kann ihre Freiheit feiern und sich schon auf das nächste Wiedersehen mit dem (Weihnachts-)Mann freuen.

Einzigartiges Glück – mit allen Sinnen genießen

Glück kostet in einigen Geschäften nur um die 50 Cent. Zugegeben, es ist nicht das Glück aller, doch das einer breiten Masse. Aber gut, für jene, die dieses Glück nicht wollen, gibt es auch Alternativen. Manchmal liegt der Preis dafür nur ein wenig höher, und man muss dafür acht, neun Euro ausgeben. Manchmal liegt der Preis auch bei über 100 Euro.

Glück ist eben Geschmackssache: Für die einen ist es Schokolade, für die anderen eine Flasche Rotwein und für wiederum andere eine neue Jacke. Alle können zufrieden gestellt werden, und das in vielen Fällen sogar, ohne Geld ausgeben zu müssen: Es kann das Lachen einer Freundin sein, ein Lob vom Chef, schönes Wetter, das Lieblingslied im Radio, der unverhoffte Anruf eines alten Schulkameraden, eine grüne Wiese, guter Sex, ein Kompliment eines Fremden oder Freundes und, und, und.

Was die Botschaft ist? Ganz einfach: Glück ist nicht gleich Glück – das, was die einen glücklich macht, muss bei anderen nicht unbedingt ebenfalls wirken.

Darum gilt es für jeden Menschen, über die Jahre hinweg festzustellen, was für ihn persönlich Glück bedeutet. Hat man das herausgefunden, lässt sich das Glücklichsein bewusst in Angriff nehmen.

Das Wissen um individuelles Glück ist vor allem für die Geliebten von Bedeutung. Schließlich machen viele von ihnen schnell die Erfahrung, dass das, was für sie Glück bedeutet, in den Augen anderer das reinste Unglück sein muss. Deren Meinung nach ist die Geliebte immer nur die Frau im Schatten und spielt immer nur die zweite Geige. In einigen Fällen mögen die Außenstehenden mit diesen Argumenten sogar Recht haben. Nicht alle Geliebten sind glücklich, und das Glück der einen Geliebten muss nicht automatisch das Gleiche für eine andere bedeuten. Und wenn die Außenstehenden der Geliebten immer und immer wieder ihr Unglück vorhalten, passiert es leicht, dass die Geliebte ihr vorhandenes Glück übersieht.

Das klingt kompliziert. Kochen ist da in vielen Fällen einfacher: Es gibt ein Rezept, nach dem man die verschiedenen Zutaten besorgt, dann wird alles zusammengemischt, im Topf gerührt, im Ofen gebacken, in der Pfanne gebraten und herauskommt – wir gehen einmal vom Optimum aus – etwas ganz Köstliches. Warum kann das mit dem Glück nicht auch so einfach funktionieren? Es kann!

Auch beim Glück gibt es schließlich ein Ziel – das Glücklichsein –, und um dieses zu erreichen, gibt es verschiedenste Zutaten und Zubereitungsweisen. Sie glauben noch nicht so recht daran? Gut, dann fangen wir doch einmal mit folgendem Glücksrezept an:

Das Bedürfnis nach einem erholsamen Abend allein ergibt sich meist aus dem vorangegangenen Tag: Es kann ein anstrengender Arbeitstag gewesen sein mit herumnörgelnden Kollegen und unzufriedenen Kunden. Es kann auch der Partner sein, der ein Treffen abgesagt hat. Oder ein paar hektische Stunden im Kaufhaus, Ärger mit dem Finanzamt, Stress mit den Nachbarn oder sorgenvolle Anrufe von nervenden Eltern.

Zubereitung: Alles zusammenpressen und beiseite schieben!

Nun haben Sie verschiedene Möglichkeiten für das weitere Vorgehen: Worauf haben Sie Lust? Wenn Sie es lieber ruhig mögen, empfiehlt sich ein gutes Buch oder ein Fernseh- oder Videofilm. Machen Sie es sich auf Ihrem Sofa gemütlich, tauchen Sie ab in eine andere Welt und vergessen Sie den Alltagsstress.

Das Glück zu Hause zu finden ist gar nicht so schwer. Eine wesentliche Zutat dabei ist das Gefühl, nicht einsam, sondern allein zu sein – zwischen diesen beiden Situationen liegt ein großer Unterschied. Einsam sind die Menschen, die keine Freunde haben, niemanden, den sie treffen oder anrufen könnten – sie sind einsam, ohne diese Wahl getroffen zu haben. Dafür, allein zu sein, entscheidet man sich hingegen meist bewusst, denn man weiß, dass sich an der Situation schnell etwas ändern ließe: Es gibt Freunde, da ist die Familie, da sind Menschen, die einen mögen und wertschätzen und die, wenn man nicht allein sein wollte, für einen da wären. Und die Geliebte weiß auch, dass es in ihrem Leben einen Mann gibt, der nicht zu jeder Zeit bei ihr ist, der sie aber dennoch begehrt und am liebsten bei ihr sein würde. Bereits diese Gedanken rund um das Alleinsein können glücklich machen.

Natürlich hängt das Glück ab und an auch ein wenig von der Dicke des Geldbeutels ab. Sollte Ihr Konto also nicht gerade tief im Soll sein, gönnen Sie sich eine kleine Shopping-Tour und kaufen Sie das Glück einfach ein. Wie wäre es zum Beispiel mit einem neuen Kleid, einem Paar Schuhe, das Sie schon lange im Visier haben, einer feinen Bluse oder auch sexy Dessous? Warum nicht! Oder aber Sie kochen sich tatsächlich etwas Leckeres, Ihr Lieblingsgericht – ganz für Sie allein und ganz nach dem Motto: Für mich nur die besten Zutaten!

Was erholsam ist, wusste auch schon eine andere Geliebte, und es machte sie bereits lange vor Ihnen glücklich. Heute heißt es Wellness, früher nannte man es schlicht Baden. Relaxen wie Kleopatra in wohltuendem pflegendem Wasser: Für ein Bad, wie es die ägyptische Königin und Geliebte von Julius Cäsar erlebte, rühren Sie einen Liter Milch und zwei Esslöffel Honig an und geben diese Mischung ins Badewasser. Oder Sie genießen den Beruhigungseffekt von zwei Esslöffeln Mandelöl, einem Esslöffel

Sojaöl, drei Tropfen Lavendelöl und drei Tropfen Muskattellersalbei-Öl – geben Sie diese Mischung ebenfalls in wohl temperiertes Wasser (um die 35 Grad Celsius).

Falls Sie nicht zu den Besitzerinnen einer Badewanne gehören, wirkt oftmals schon eine Gesichtsmaske wahre Wunder. Dazu mischen Sie zwei Esslöffel Honig mit zwei Esslöffeln püriertem Avocado-Fruchtfleisch und einem Esslöffel Mandelöl und tragen die Masse auf Gesicht und Dekolleté auf. Nach etwa 15 bis 20 Minuten die Maske mit lauwarmem Wasser abspülen – und damit auch den Ärger der vergangenen Stunden.

Glückliche Geliebte mit einem glücklichen Partner

Eine Seite weitergeblättert im Kochbuch des Glücks, finden wir die Rezepte für den Hauptgang. Die gemeinsamen Momente der Geliebten mit dem Partner sind für beide nicht der Alltag, darum sollten sie wie eine Kostbarkeit behandelt werden. Und dies verlangt ein wenig Vorbereitung. Ein gutes Bad, eine duftende Körperlotion, schöne Unterwäsche und saubere Kleidung sind eigentlich Selbstverständlichkeiten, die Ihrem Partner zeigen, wie sehr Sie ihn und seine Gegenwart wertschätzen. Damit die gemeinsamen Stunden auch wirklich ein Genuss werden, versuchen Sie vorher, die Jobsorgen beiseite zu schieben, vergessen Sie die möglichen Probleme mit den Nachbarn, Freunden oder Eltern. So weit, so gut. Nun noch die weiteren Grundzutaten für das Glücklichsein zu zweit:

- Gute Laune
- Eine aufgeräumte Wohnung
- Frische Bettwäsche
- Ab und an ein Fläschchen Sekt im Kühlschrank
- Ein eingeschalteter Anrufbeantworter und ein ausgeschaltetes Handy – damit niemand das Glück stört
- Musik
- Etwas Süßes zum Naschen
- Falls Nachwuchs vorhanden ist, eine Kinderfrau, die auf die Kleinen aufpasst

Darüber hinaus gibt es zusätzliche Variationsmöglichkeiten, die für besondere Anlässe, als Überraschung oder zum Zeichen des Wohlbefindens zum Einsatz kommen können. Wie wäre es zum Beispiel mit einem gemeinsamen Bad oder einer entspannenden Massage? Oder einer mitgebrachten Kleinigkeit – seine Lieblingszeitung, eine CD seiner Lieblingsband? Oder Sie machen sich auffallend schön, wählen ein ganz besonders weibliches Outfit und genießen seine Begeisterung als Ihr persönliches Glück.

Sollte das Glück keine Chance haben, bei Ihnen einzukehren, weil Sie andauernd an seine Frau oder

Freundin denken müssen, dann lassen Sie sich gesagt sein: Das kann und sollte geändert werden – und zwar schleunigst! Da steht das Glück direkt vor Ihnen, und Sie können es gar nicht wahrnehmen, weil Sie völlig verkrampft und abgelenkt sind. Sagen Sie Ihren Gefühlen den Kampf an, und beginnen Sie mit der Aufräumarbeit in Ihrem Kopf – dort, wo sich schnell echte Spaßbremsen breit machen und das Schöne verdrängen. Für die Geliebte sind das im Allgemeinen die klassischen Grübeleien wie zum Beispiel:

- In ein paar Stunden ist er wieder bei *ihr*.
- Ob er die Zeit mit mir genießen kann?
- Wann sehen wir uns wieder?
- Ob er mich liebt?
- Ob *sie* wohl weiß, dass er fremdgeht?
- Ob er den Sex mit mir mag?
- Wie ist er, wenn er bei *ihr* ist?
- Was macht *sie* wohl gerade?

Schluss! Aufhören! Lassen Sie, liebe Leserin, liebe Geliebte, sich Ihr Glück nicht verderben.

Der Gedanke, der bei der Geliebten während des Zusammenseins mit ihrem Partner vorherrschen sollte, ist folgender: Jetzt ist er bei *mir!* Und diesen Moment sollte die Geliebte so richtig genießen. Werden die gemeinsamen Stunden bewusst genossen, erlebt man sie als doppelt so schön. Was morgen, übermorgen oder in einem Monat ist – wer weiß das schon?

Und es ist geradezu müßig, sich darüber den Kopf zu zerbrechen. Diese Gedanken sind nur Hirngespinste, verschwenden Sie keine Zeit an die kaum planbare Zukunft. Leben Sie für das Jetzt.

Auch das Genießen des Moments lässt sich erlernen. Ein erster Schritt dabei ist es, die wesentliche Bedeutung der fünf Sinne zu erkennen: Hörsinn, Sehsinn, Tastsinn, Geruchssinn und Geschmackssinn. Mit ihnen nehmen wir unsere Umwelt wahr, und mit ihrer Hilfe bilden wir uns ein Urteil. Unsere Wahrnehmungen entscheiden darüber, ob wir etwas optisch schön finden, ob wir etwas gerne schmecken, gerne anfühlen, gerne hören, gerne riechen – ob der Moment des Erlebens uns gefällt oder nicht. Schärfen Sie, liebe Leserin, liebe Geliebte, Ihre Sinne, und Sie werden es einfacher haben, den Moment zu genießen und das Glück zu erkennen.

Wie Sie Ihren Hörsinn verfeinern

Verdunkeln Sie das Zimmer, setzen oder knien Sie sich auf den Boden, schließen Sie die Augen und lauschen Sie … können Sie Ihren Atem hören? Hören Sie nicht sogar Ihr Herz schlagen? Was hören Sie außerdem? Die Nachbarn? Worüber reden sie? Hören Sie genau hin. Auch auf die Autos, die möglicherweise an Ihrer Wohnung vorbeifahren, oder die Kinder, die ein paar Meter entfernt auf dem Spielplatz toben. Was für ein Spiel spielen die Mädchen und Jungen? Können Sie die Kinder lachen hören? Strengen Sie sich an. Konzentrieren Sie sich dann ganz auf ein Geräusch. Vergessen Sie dabei die Nachbarn oder das Knarren der Dielen eine Etage über Ihnen, und hören Sie zum Beispiel nur auf die Geräusche der Kinder.

Achten Sie auf die Unterschiede von verschiedenen Stimmen. Legen Sie eine CD ein und lauschen Sie dem Gesang oder der Textlesung. Versuchen Sie, die Gefühle der Menschen nur durch ihre jeweilige Stimmlage wahrzunehmen.

Achten Sie darauf, wie die Stimme Ihrer besten Freundin klingt. Wie hört es sich an, wenn sie direkt vor Ihnen steht, und wie, wenn Sie mit ihr telefonieren?

Und wie klingt Ihre eigene Stimme? Nehmen Sie sich doch einmal auf Tonband auf und hören Sie sich dies später an. Feinheiten können dabei zum Vorschein kommen, wie beispielsweise Sprechpausen, besondere Betonungen, das Verschlucken von Silben. Besonderheiten, die im Alltag häufig überhört werden.

Wenn Sie das Hörtraining mit Kultur verbinden wollen, gehen Sie in die Oper und versuchen Sie, ohne Veranstaltungsprogramm, die unterschiedlichen Stimmlagen wie Bass, Sopran, Alt, Bariton zu erkennen. Die naturnahe Alternative im Sommer: Stehen Sie frühmorgens auf, fahren Sie in einen Park oder setzen Sie sich auf Ihren Balkon, packen Sie sich in dicke Decken ein und lauschen Sie den unterschiedlichen Vogelgesängen. Na, können Sie die Amsel von der Meise unterscheiden?

Wie Sie Ihren Sehsinn verfeinern

Vieles, was wir sehen, ist für uns selbstverständlich geworden. Dass im Frühling die Bäume Knospen bekommen zum Beispiel; dass sich im Herbst die Blätter verfärben und von den Bäumen fallen; dass der Himmel meist blau ist und Wiesen meist grün sind. Das alles ist uns keine besondere Beachtung mehr wert, weil wir es schon so oft gesehen haben, genauso wie die eigene Wohnung, das Büro, die Freunde, die Familie und Kollegen. Doch auch wenn dies alles so alltäglich erscheinen mag, gibt es immer wieder Neues zu entdecken.

Schulen Sie Ihren Blick. Gehen Sie zum Beispiel in eine Kunstausstellung, Gemälde eignen sich besonders für diese Übung, und versuchen Sie, die verschiedenen Farben und Objekte genau zu erkennen. Achten Sie auf Kleinigkeiten, auch bei der Begegnung mit Ihren Mitmenschen im Alltag. Schauen Sie sich beispielsweise die Verkäuferin im Supermarkt einmal genauer an. Was hat sie eigentlich für eine Haarfarbe? Hat sie Locken? Und wie sieht es mit Ihrem Postboten aus? Was trägt er für Schuhe? Hat er Pickel? Trägt er einen Bart?

Verfeinern Sie Ihre Wahrnehmung. Sie werden staunen, was Ihnen bislang alles entgangen ist. Besonders bei der Beobachtung von Menschen, von denen Sie dachten, alles an ihnen zu kennen, kann es zu überraschenden Neuentdeckungen kommen. Nehmen Sie diese Personen genauer ins Visier, und achten Sie aufs Detail!

Wie Sie Ihren Tastsinn verfeinern

Tagtäglich verrichten wir mit unseren Händen Tätigkeiten, die uns am Leben erhalten: Wir essen mit ihnen, wir waschen uns, wir arbeiten mit ihnen und verdienen so unser Geld. Die Feinfühligkeit unserer Finger und Hände vergessen wir aber häufig, ja sogar, dass es unsere Haut ist, mit der wir fühlen und empfinden – Schmerz wie Wohlbefinden. Demnach haben sich Finger, Hände und Haut wirklich einmal etwas Gutes verdient.

Um Ihren Tastsinn zu verfeinern, eignen sich unterschiedliche Materialien und Gegenstände wie Baumwolle, Leinen, Leder, Fell, Plüsch, Cord, Samt und Seide, ein Kamm, eine weiche Babybürste, ein Küchenschwamm oder zerknülltes Papier. Schließen Sie die Augen und berühren Sie alles nacheinander. Natürlich können Sie die Unterschiede nur mit Ihren Händen ertasten. Noch besser aber ist es, wenn Sie sich nackt auf das Bett oder das Sofa legen und Ihren

Körper mit den verschiedenen Stoffen und den anderen Gegenständen berühren. Schließen Sie dabei die Augen. Was spüren Sie? Was empfinden Sie als angenehm? Wie fühlt sich Leder im Vergleich zu Plüsch an? Wie ist es mit dem Kamm, wenn Sie damit sanft über Ihren Oberkörper streifen? Was fühlen Sie, wenn Sie die Babybürste an Ihrem Bein entlanggleiten lassen? Finden Sie es erotisch?

Versuchen Sie herauszufinden, was Sie als angenehm und was als unangenehm empfinden. Es wird Ihnen später helfen, Berührungen durch den Partner bewusster zu erleben und einordnen zu können.

Wie Sie Ihren Geruchssinn verfeinern

Natürlich können Sie riechen. Aber wie ausgeprägt ist Ihr Geruchssinn? Können Sie zum Beispiel Kamillentee allein durch seinen Geruch von Pfefferminz- oder Fencheltee unterscheiden? Machen Sie den Test, verbinden Sie Ihre Augen und versuchen Sie, die Unterschiede zu erschnüffeln.

Kaufen Sie sich einen Strauß mit mindestens vier verschiedenen Blumen. Besonders geruchsintensiv sind Rosen und Lilien. Testen Sie auch in diesem Fall mit geschlossenen Augen, ob Sie riechen können, welcher Geruch zu welcher Blume gehört.

Falls Sie gerne Käse essen, sollten Sie sich ein paar Stücke verschiedener guter Käsesorten gönnen und versuchen, die unterschiedlichen Aromen wahrzunehmen, das Bouquet von Weinen oder verschiedene Obstsorten eignen sich ebenso. Selbstverständlich werden Sie schnell wissen, was die Orange und was der Apfel ist. Ziehen Sie die Düfte ein, konzentrieren Sie sich darauf und nehmen Sie sie bewusst wahr. Können Sie die Aromen bis ins Detail beschreiben?

Und noch ein kleiner Tipp zur Schärfung des Geruchssinns: Cremen Sie sich mit Ihrer Lieblingslotion ein und kriechen Sie ins Bett. Der Geruch der Lotion wird an der Bettdecke haften bleiben, und Sie werden noch Tage später so etwas wie einen Wiedererschnupperungs-Effekt haben.

Wie Sie Ihren Geschmackssinn verfeinern

Wein und Käse sind auch für Ihren Gaumen gute Testobjekte. In den Getränkekarten von Restaurants werden Weine manchmal mit Bezeichnungen wie blumig, holzig, samtweich oder fruchtig beschrieben. Probieren Sie doch einmal aus, ob Sie die Unterschiede schmecken. Gleiches gilt für unterschiedliche Käsesorten. Wie schmeckt ein Gouda? Wie ein Camembert? Und hat nicht auch der eigentlich fast geschmacksneutrale Mozzarella eine individuelle Note? Auch beim Trainieren des Geschmackssinns lassen sich die Zutaten beliebig auswählen. Doch geht es beileibe nicht nur darum, Unterschiede herauszuschmecken, sondern vielmehr darum, dies bewusst zu tun.

Haben Sie zum Beispiel schon einmal an Ihrer Haut geleckt? Wonach schmeckt sie? Ist sie salzig? Schmecken Sie feinen Schweiß?

Versuchen Sie, einen Geschmack wahrzunehmen und diesen pur zu genießen. Besonders angenehm ist dies mit einem Stück Schokolade. Legen Sie es auf Ihre Zunge, schließen Sie die Augen und lassen Sie das Schokostück langsam im Mund zergehen.

Nicht nur, dass das Schulen der Sinne jede Menge Freude bereitet – es schärft darüber hinaus auch Ihr komplettes Wahrnehmungsgefühl. Und wer weiß, beim nächsten Treffen mit Ihrem Partner werden Sie vielleicht einen Duft an ihm erschnuppern, den Sie vorher noch nicht kannten.

Achten Sie auch einmal auf seine Bewegungen, Sie werden möglicherweise Feinheiten oder neue Gesten erkennen. Wie klingt seine Stimme? Achten Sie einmal genau auf ihren Klang – was verrät sie? Ist er gut gelaunt oder gestresst? Streichen Sie ihm über den Arm, spüren Sie seine Adern und Muskeln, nehmen Sie Ihren Geliebten mit allen Sinnen wahr, und genießen Sie das Beisammensein. Sprechen Sie auch Ihrem Partner gegenüber aus, was Sie empfinden. Sagen Sie zum Beispiel: »Es ist schön, dich zu spüren. Du riechst gut. Deine Haut fühlt sich gut an. Ich freue mich, mit dir zusammen zu sein.«

Dadurch, dass Sie sich ihm mit Ihren Gefühlen und Gedanken öffnen, werden Glücksmomente noch einzigartiger und auch dem Partner bewusster. Probieren Sie es aus!

Sollen die anderen doch reden

Es nervt, sie nerven. Denn es ist immer wieder die gleiche alte Leier:

»Der benutzt dich doch nur!«
»Wie kannst du nur glücklich sein?«
»Er liebt dich doch gar nicht!«
»Das ist doch nichts Halbes und nichts Ganzes.«
»Warum denn so kompliziert?«
»Wir machen uns Sorgen, such dir lieber einen anderen.«
»Wo soll das denn enden?«
»Das hast du doch nicht nötig!«

Kommen Ihnen diese Aussprüche und Fragen bekannt vor? Besonders in der Anfangszeit, aber auch später, wenn die Beziehung schon ein paar Monate oder Jahre andauert, sind da *die anderen* – das unmittelbare soziale Umfeld, Freunde und Familienmitglieder. Sie sehen die Geliebte häufig als arme Verliererin. Als die Dumme, die als Einzige nicht durchschaut, was um sie herum passiert. Diese Menschen machen sich zumeist Sorgen um die Geliebte, sie wollen ihr helfen und sie warnen. Deswegen wird geredet.

Doch damit nicht genug: Es gibt zudem noch die Menschen, die eine Geliebte nicht einmal persönlich kennen, aber glauben, trotzdem etwas zu ihrem Lebensstil sagen zu müssen. Vielleicht sind sie der Meinung, umfassend informiert zu sein, weil das Geliebten-Thema in diversen Zeitschriften breitgetreten wird, in Fernsehsendungen für Quoten sorgt oder in der Nachbarschaft häufig darüber getratscht wird.

Und kaum hat eine Person mit dem Gerede angefangen, geben auch alle anderen Kommentare dazu ab. Schnell wird die Geliebte dann als »schamloses Luder« oder als »böse Ehebrecherin« oder auch als eine von der Sorte »total unemanzipiert, lässt sich von einem Mann ausnutzen« charakterisiert.

Gibt es Beweise für diese Verurteilung? Fehlanzeige!

Trotzdem lassen es sich viele Mitmenschen nicht nehmen, die Geliebte in die Ecke zu drängen und in unberechtigte Zweifel zu stürzen.

»Gerade in Zeiten gesellschaftlicher Umbrüche, wie wir sie auch jetzt haben, wird das Ideal der perfekten heilen Familie zum Leitbild, das für viele scheinbare Sicherheit vermittelt«, sagt die Berliner Psychologin Monika Thurke und fügt hinzu: »Etliche setzen ihren eigenen Ängsten dann das Bild der Familie entgegen und idealisieren diese Lebensform. Dementsprechend werden andere Lebensformen, wie auch die der Geliebten, oftmals als bedrohlich empfunden, abgelehnt, und die Menschen sehen nur die negativen Seiten.«

Es ist demnach das soziale Umfeld, das der Geliebten die Opferrolle zuteilt und ihr das Gefühl gibt, etwas Unrechtes zu leben und nicht glücklich sein zu dürfen. Der Geliebten wird eingeredet, dringend etwas an der Situation ändern und die Dinge mit offenen Augen sehen zu müssen. Denn vielfach glauben die anderen, bereits längst zu wissen, was noch auf die Geliebte zukommen wird und wie sie dann dasteht.

Gegen Vorurteile angehen

Natürlich, eine eigene Meinung steht jedem Menschen zu. Aber die sollen sich die anderen erst später bilden – nachdem sie sich die Zeit zum Zuhören genommen haben. Denn am nervenaufreibendsten ist, dass viele Mitmenschen die Geliebte einfach nicht verstehen können und wollen. Sie verschließen gerne Ohren und Augen und merken nicht, dass die Geliebte, so wie sie lebt, glücklich ist. Dass sie nichts anderes will und braucht und zufrieden ihr (Liebes-)Leben genießt. Das ist für die anderen oftmals schwer nachvollziehbar, denn die Geliebtenbeziehung entspricht so wenig der Norm und dem gängigen Bild von einer Partnerschaft. Sie ist eben anders und fremd.

Doch das sollte Sie als Geliebte nicht abschrecken; an Unbekanntes kann man sich gewöhnen. Wie man sich zum Beispiel auch an den neuen Arbeitskollegen oder die neue Nachbarin gewöhnt hat. Zugegebenermaßen ist das nicht gleich Geliebtendasein. Doch letztlich ist alles eine Gewöhnungsfrage. Entscheidend ist, inwieweit die Menschen aus Ihrem unmittelbaren Umfeld bereit sind, sich auf etwas für sie Fremdes einzulassen.

Da sich allerdings die Gesellschaft mit ihrem traditionellen Denken in der stärkeren Position befindet, liegt es bei Ihnen, sich zu öffnen und den anderen über die Realität des Geliebtenlebens zu berichten.

Unsicherheit oder Angst davor, in die Offensive zu gehen, brauchen Sie nicht zu haben. Sie sind nicht die Außenseiterin, zu der Sie manchmal gemacht werden.

Also, ran an die Aufklärungsarbeit in Sachen Geliebtendasein. Damit gerade sehr geliebte Menschen wie Eltern, Geschwister und Freunde, die mit ihrer sorgenvollen Fragerei allmählich zu wahren Nervensägen mutieren, wieder ruhig schlafen können.

»Sicher gilt es, vorher genau abzuwägen, wem sich die Geliebte offenbart«, sagt Psychologin Monika Thurke. »Die Geliebte sollte für sich wissen, ob die Beziehung zu dem anderen Menschen so vertrauensvoll ist, dass sie zumindest mit Akzeptanz rechnen kann. Gute Beziehungen zu Eltern, Freunden und Arbeitskollegen zeichnen sich dadurch aus, dass nicht alles gutgeheißen, aber die Lebensform des anderen respektiert wird.«

Wenn Sie offen darüber reden, was in Ihnen vorgeht und was Sie fühlen, werden die anderen das schließlich sicher begreifen und akzeptieren. Denn schließlich gibt es auf ihre typischen Fragen und Kommentare passende und sinnvolle Antworten:

Der benutzt dich doch nur!

Wenn man es so sieht: Ich benutze ihn ja auch. Ich nehme mir ja auch das, was ich will. Wir machen uns gegenseitig glücklich. Es ist doch wie in jeder anderen Partnerschaft auch: Es ist ein Geben und Nehmen. Es ist vielleicht nicht das Glück, wie du es lebst, aber es ist mein Glück.

Aber er ist nicht immer da, wenn du ihn brauchst!

Das mag vielleicht stimmen. Aber zum Glück ist er nicht der einzige Mensch in meinem Leben, der mir zuhört und der für mich da ist. Ich habe gute Freunde, auf die ich mich verlassen kann. Und mal so ganz nebenbei: Ich bin auch nicht immer da, wenn er mich braucht.

Aber er steht nicht zu dir!

Doch, das tut er. Okay, nicht in der Öffentlichkeit, aber was hätte ich auch davon? An der Beziehung zu mir ändert es doch nichts, ob er jetzt mit seinen Freunden oder Arbeitskollegen über mich spricht oder nicht. Die Hauptsache ist doch, dass er zu mir steht, wenn er bei mir ist, und mich respektiert.

Aber er liebt dich doch gar nicht!
Woran willst du so etwas festmachen? Nur weil wir nicht zusammenwohnen und nicht zusammen in den Urlaub fahren? Weil er noch eine andere Frau hat? Was sind die Maßstäbe, um festzustellen, dass jemand einen liebt? Was doch auf jeden Fall dazugehört, ist, dass Klarheit herrscht, dass man sich als Partner vertrauen kann. Und genau das ist der Fall.

Wo soll das denn enden?
Was für eine Frage! Warum denn vom Ende reden? Das ist doch schlimm. Es soll gar nicht enden, so sieht es aus. Ich genieße das Hier und Jetzt.

Nein, das könnte ich nicht …
Nein, musst du ja auch nicht. Dein Leben ist nicht mein Leben und mein Leben nicht deins. Und? Würde ich über dein Glück urteilen und Zweifel anmelden, würdest du mir nicht auch zu erklären versuchen, dass du einfach glücklich bist? Würde ich es nicht verstehen, würdest du es genau wie ich jetzt weiter zu erklären versuchen und vielleicht irgendwann einmal hilflos mit den Achseln zucken. Es ist einfach so: Zufriedenheit und Glück sehen für jeden anders aus.

Aber du bist doch nicht glücklich!

Warum sollte ich denn nicht glücklich sein? Was sind die Maßstäbe? Was sind die Bedingungen dafür, dass jemand glücklich ist oder sein darf? Ein Haus, ein Auto, zwei Kinder, ein Mann, der jeden Abend pünktlich nach Hause kommt und dem ich dann das Essen servieren kann, ist dies das einzige Glück? Für einige sicher, für andere nicht. Jeder hat das Recht, auf seine Art und Weise glücklich zu sein.

Aber da ist doch noch die andere Frau. Für den bist du doch nichts weiter als das Betthäschen. Der benutzt dich doch nur …

Ja, das hatten wir schon einmal. Trotzdem, auf ein Neues! Gerne das Ganze von vorn … Einmal, zweimal, dreimal – so lange, bis es sitzt. Nur nicht aufgeben, obwohl das zugegebenermaßen manchmal verlockend erscheint. Denn bei manchem Gegenüber gleicht das Ganze fast dem Gespräch mit einem kleinen Kind, das einen mit seiner »Warum-ist-der-Himmel-blau?«-Tour zur Verzweiflung treiben kann. Eine bohrende Frage folgt der nächsten, und sie sind bestimmt nicht mit einem »Darum!« leicht und schnell zu beantworten. Auch wenn es manchmal schwer ist: Nicht die Geduld verlieren und sich nichts einreden lassen – geben Sie nicht auf.

Doch warum eigentlich die ganze Liebesmüh? Warum sich den Mund fusselig reden? Weil es das bekannte Sprichwort gibt: »Geteilte Freude ist doppelte Freude« und sich darin viel Wahres verbirgt. Verliebte brauchen Menschen, die sich mitfreuen, mitleiden, mitlachen, interessiert sind – ohne eine Spur penetranter Neugier. Denn ohne die anderen wäre manchmal alles nur halb so schön. Das letzte Treffen mit *ihm*, die Freude über das kleine Geschenk oder die Telefonate. Es ist viel schöner, mit der besten Freundin, den Eltern und Geschwistern offen plaudern zu können und zu wissen, dass sie einen verstehen. Doch bis es so weit ist, mag es dauern, denn dass die anderen von heute auf morgen die Dinge doch anders sehen, ist eher unwahrscheinlich.

Daher sollte auch die Geliebte Verständnis zeigen, wenn die Mutter meint, noch einmal betonen zu müssen: »Ich habe dir immer etwas Gutes gewünscht«, und zum wiederholten Male fragt: »Warum der?« Oder wenn die beste Freundin verzweifelt den Kopf schüttelt und sagt: »Ich kann einfach nicht glauben, dass du so glücklich sein kannst.«

Die anderen vom eigenen Glück zu überzeugen ist nicht einfach, weil es so viele Vorurteile gibt. Darum ist es wichtig, den Außenstehenden den geliebten Unbekannten näher zu bringen. Hilfreich sind dabei Geschichten von kuscheligen, gemütlichen Abenden zu zweit und Aufzählungen von Qualitäten, die diesen Mann so liebenswert machen. Auch dadurch, von

Gesprächen über gemeinsame Zukunftspläne zu erzählen und die eigene Zufriedenheit deutlich zu machen, lässt sich die eine oder andere Sorgenfalte bei den Zuhörern vertreiben.

»Die Geliebte muss allerdings nicht jedem alles berichten«, so Monika Thurke. »Es gibt Abstufungen zwischen Schwarz und Weiß, das heißt: Weder in der völligen Verheimlichung noch in der totalen Offenbarung liegt die Alternative. Vielmehr sollte die Geliebte selbst entscheiden, wie viel und was sie wem von ihrer Lebenssituation erzählt.«

Alles, was die Geliebte ihren Lieben erzählt, sollte jedoch ehrlich sein und nicht nach gekünstelter Überzeugung klingen. Viele Unwissende zweifeln ja gerade an ihrer Aufrichtigkeit und glauben, dass die Geliebte ihnen ihr Glück nur vorspielt und in Wirklichkeit hinter ihrer fröhlichen Fassade trauert.

Aber: Dinge ändern sich, wenn man etwas dafür tut. In diesem Sinne und im Auftrag der Liebe – die Arbeit lohnt sich!

Zum Abschluss noch eine Anmerkung zu jenen anderen, die sich als Sturköpfe entpuppen, die auch nach dem x-ten Aufklärungsversuch immer noch nicht begreifen, dass Geliebte glücklich sein können. Auch diese Menschen gibt es, leider. Regen Sie sich nicht darüber auf, bemitleiden Sie sie für die Unfähigkeit zu verstehen. Lehnen Sie sich zufrieden zurück und denken Sie: Wenn ihr nur wüsstet …

»Schmusebär, 38/184/78, braune Haare, vorzeigbar und wohlerzogen, holt dir abends die Sterne vom Himmel und bringt deine Augen zum Leuchten. Sucht dich zum täglichen Knuddeln und Gründen einer Familie …«

Chiffre, Mailbox und BmB (Bitte mit Bild). Solche und ähnliche Annoncen gibt es in vielen Tageszeitungen zu lesen, vor allem samstags sind sie seitenweise unter der Rubrik Partnersuche zu finden. Natürlich klingen solche Anzeigen zuweilen ganz nett, trotzdem wissen wir doch alle, dass Vorsicht geboten ist. Künstlerische Freiheit ist schließlich im Anzeigenpreis inbegriffen. Wer weiß also, wer sich wirklich hinter den verlockenden Zeilen verbirgt? Vielleicht streichelt der Schmusebär als eingefleischter Autofreak lieber die Motorhaube seines Schlittens als liebevoll die Wange einer Frau. Kurzum, es hat sich schon immer als gut erwiesen, die »Ware« zu testen, abzuwägen und zu versuchen, hinter die Fassaden zu schauen.

Worauf ich überhaupt hinauswill? Nun, natürlich mögen sich allerhand ungebundene Männer auf dem Markt der einsamen Herzen tummeln. Und es sind vor allem die ein paar Seiten zuvor erwähnten anderen, Freunde, Familienmitglieder und Jobkollegen, die es besser zu wissen meinen und glauben, das Glück zu kennen – und dieses der Geliebten gerne weitergeben möchten. Sie finden häufig genau die Männer wie obigen Schmusebär ganz klasse, und dann ist da die Rede vom eigenen Reihenhäuschen, von Kindern, einem Kombi und, und, und. Das Hinterhertragen der Pantoffeln, das Rummeckern über ungewaschene Wäsche, das Streiten über Fernsehprogramme – Situationen wie diese bleiben in solchen Momenten meist unerwähnt. Glück ist Ansichtssache und kann ganz verschieden aussehen. Nicht zuletzt ist uns bekannt, dass es hinter der Fassade der heilen Welt oftmals Abgründe gibt. So kommt es darauf an, dass jeder für sich die Sache mit dem Glück abwägt und über mögliche Kompromisse nachdenkt.

Um über das eigene Glück nachzudenken, machen Sie den folgenden Test. Lesen Sie etwas über drei Formen, wie das liebe Leben oder Liebesleben gelebt werden kann, und hören Sie dabei auf Ihre innere Stimme. Kommt das Habenwollen-Gefühl durch? Sind Sie neidisch? Möchten Sie tauschen? Was vermissen Sie? Am Ende sollten Sie ein Stück weiter sein und wissen, was für Sie wirkliches Glück sein kann. Fangen wir an:

Da wäre zum Beispiel das liebe Leben von Robert und Karin, Louis und Greta. Nein, nein, sie sind nicht die Mitglieder einer Kommune, auch gibt es bei ihnen keinen Gruppensex oder sonstiges wildes, zügelloses Treiben. Alles geht ganz gesittet zu, darauf legen Robert und Karin schon besonderen Wert. Die beiden sind seit fünf Jahren verheiratet, und wer sich nun fragt, ob es die zwei wirklich gibt, soll wissen: Ja, es gibt sie. Robert, der als Programmierer bei einer ziemlich spießigen Krankenversicherung arbeitet, sich immer scheut, irgendetwas über sein Familien-, geschweige denn sein Sexleben zu erzählen. Irgendwie hat er Bedenken, dass ihn einer seiner Kollegen erkennen und darauf ansprechen könnte. Dabei braucht Robert sich doch gar nicht zu schämen. Er ist ein ganz potenter Vorzeigetyp, und immerhin sind im Lauf der Zeit die beiden Kinder Louis und Greta entstanden.

Zu viert leben sie im Norden von Deutschland am Rand einer Großstadt in einem kleinen, aber schönen Haus. Ich weiß noch, wie Karin mir von ihren Bauplänen erzählte und wie dann die Monate begannen, in denen sie nur sparte. Kein zweites Glas Rotwein in der Kneipe (»Zu teuer!«), kein neuer Rock für die Party (»Zu teuer!«). Zwei Jahre hintereinander sind sie auch nicht in den Urlaub gefahren. (Einfacher Grund: »Zu teuer!«) Nun zu glauben, dass sich alles geändert hat, jetzt da sie das Häuschen haben, ist falsch: Auch jetzt müssen sie sparen, wegen der Ratenzahlungen.

Robert arbeitet dafür fleißig bei erwähnter Krankenversicherung, tippt sich die Finger wund und ist meist erst gegen 20 Uhr wieder bei Karin und den Kindern – müde und hungrig. Genauso wie Karin selbst, die den ganzen Tag über mit den Kindern spielt, kocht, putzt und einkaufen geht. Als Mutter ist sie zugegebenermaßen ein Multitalent: Sie ist Ärztin (kümmert sich um kleinere Schrammen), Wissenschaftlerin (erklärt den Kleinen die alltäglichen Phänomene, zum Beispiel warum Gras grün ist), sie ist Bankkauffrau (teilt das Haushaltsgeld ein und kennt jedes Supermarkt-Sonderangebot) und Näherin (Socken stopfen, Gummibänder in Hosen ziehen usw.) und wahrscheinlich noch vieles mehr. Dabei hat Karin einmal Wirtschaftswissenschaften studiert und arbeitete vor der ersten Schwangerschaft bei einer Unternehmensberatung. Das ist nun Vergangenheit, und der trauert Karin oftmals hinterher. Auch wenn sie ihre Kinder über alles liebt – Karin vermisst ihre Eigenständigkeit, vor allem das eigene selbst verdiente Geld, die Freiheit und Ruhe.

Früher haben wir Freundinnen uns mindestens einmal in der Woche getroffen. Jetzt ist Karin froh, wenn sie es einmal im Monat schafft. Sie hat keine Zeit mehr zum Lesen, keine Zeit mehr für Sport, keine Zeit mehr für ihre Freundinnen, keine Zeit mehr für sich. Denn wenn die Kleinen dann abends endlich im Bett liegen, ist Karin meist so müde, dass sie zwei Stunden später selbst schlafen geht. Und apropos: Das Sexleben von Karin und Robert ist bei all dem gleich mit eingeschlafen. Keine Zeit, keine Ruhe und dann die Unzufriedenheit über die Figur nach der Schwangerschaft und fehlender Sport drücken auf die Lustbremse.

Manchmal, nach dem zweiten Glas Rotwein, wenn sie es sich denn gönnt, redet Karin darüber. Auch über Robert, der im Haushalt kaum einen Finger krümmt, jeden Mittwoch direkt nach dem Job zum Sport geht – weil er einen Ausgleich zur Arbeit braucht – und der sich neulich ein neues, superteures Rennrad gönnte. Sicher, sagt dann Karin, sie bekäme schon genügend Geld von Robert. Aber das Fragen nach ein paar Scheinchen für Sonderwünsche und Spontaneinkäufe falle ihr schwer. Sie erzählt und erzählt, und so kommen noch die Kindersorgen dazu: Dass der eineinhalbjährige Louis nachts so oft schreit, sich laufend Viren einfängt und daher ständig krank ist. Dass Greta, mittlerweile vier Jahre, die Erzieherin im Kindergarten nicht mag, dass sie unbedingt einen Hund haben will, rumquengelt und launisch ist.

Sorgen über Sorgen, aber kein Kommentar, noch nicht an dieser Stelle. Nicht zu Robert, nicht zu Karin und sowieso nicht zu Louis und Greta – weil minderjährig.

Nur Sie, liebe Leserin, sollten kurz in sich gehen, überlegen, abwägen, andere Paare vor Augen sehen, nachdenken und dann weiterlesen.

Claudia

Da gibt es nämlich noch das liebe Leben von Claudia. Mittelgroß, mittelblond, mittelschwer (knapp 63 Kilogramm auf 169 Zentimeter), 31 Jahre alt und Single. Dies weniger aus Überzeugung als aus Mangel an guten Männern. Statt ihren Traummann zu treffen – um die 185 Zentimeter, braunhaarig, sportliche Figur, mit gutem Job und Humor – erwischt Claudia immer wieder nur Nichtstuer, Schnorrer, Schlappschwänze und Psychopathen.

Zwei Jahre geht das nun schon so, und langsam wird Claudia ungeduldig, denn sie kann nicht mehr: Das ewige Hoffen auf ein Kennenlernen, dann das Abchecken, ob er ein Mr. Right oder Mr. Wrong ist, die mögliche Enttäuschung und dabei das ständige Werben. Anstrengend, verdammt anstrengend, und es raubt ihr die Nerven. Ganz abgesehen von den Horror-Sexstorys mit geplatzten Kondomen, fiesen Po-Pickellandschaften und penetranten Stubenhockern am Morgen danach.

Claudia, die tagsüber als Angestellte in einer Bank arbeitet, hat langsam die Nase voll und hadert mit sich und der Welt. Schlimm sind dann ihre Frust-

Anrufe an Sonntagnachmittagen, wenn Claudia wieder die Torschlusspanik plagt und sie nach Auswegen sucht. Dann denkt sie über einen Französischkurs nach, plant, in einen Sportverein zu gehen (am liebsten in einen Ruderclub, wegen der großen Männer) und wälzt Kataloge für Gruppenreisen.

Leider blieb es bislang bei Planungen, geschafft hat Claudia noch nichts von alledem. Stattdessen ist sie nach und nach immer verbohrter und kompromissloser geworden und manchmal – pardon, Claudia – wirklich unausstehlich und absolut gesellschaftsuntauglich. Vielleicht liegt es ja daran, dass sie alleine wohnt und es außer uns Freundinnen und ihren Eltern niemanden gibt, die ihr einmal gut gemeint den Spiegel vorhält. Der ihr das Gefühl gibt, als Frau geliebt zu werden und begehrenswert zu sein. Und das nicht nur für eine Nacht.

Nun gut, wir drücken weiter die Daumen und hoffen auf die vorbestellte Mischung aus Brad Pitt (wegen der Optik), Computerguru Bill Gates (wegen des Geldes) und Nachbar Karsten (wegen dessen Hilfsbereitschaft und Freundlichkeit). Das Lieferdatum kennen wir leider noch nicht.

Auch zu Claudia gibt es erst einmal keinen weiteren Kommentar. Aber fragen Sie sich einmal ehrlich: Möchten Sie mit Claudia tauschen? Vielleicht sollte schnell noch Claudias Begegnung mit Thomas geschildert werden. Einem angeblichen Arzt, der sich für zwei Wochen in ihrer Wohnung einquartierte, weil in seiner die Handwerker Lärm machten. Claudia war vernarrt in diesen Typen und merkte nicht, wie er ihr den Kühlschrank leer aß und sich in Kneipen dauernd von ihr einladen ließ. Als sie ihm dann noch 1000 Euro für »eine dringende Handwerkerratenzahlung« lieh, redeten wir Freundinnen unserer Claudia ins Gewissen. Leider zu spät, Thomas, oder wie auch immer er heißen mag, war längst mitsamt der Kohle über alle Berge. So viel zum Thema »Ich bin eine Blind-vor-Liebe-Singlefrau und jeder kann mich abziehen«. Doch gut, es gibt bessere Geschichten.

Silke und Christian

Wie wäre es zum Beispiel mit dem lieben Leben von Silke und Christian. Zwei ganz nette Menschen, und obendrein ist Christian auch ein ganz hübscher. Manche sagen ja, er hätte etwas Ähnlichkeit mit Schauspieler George Clooney. Aber ob das nun stimmt oder nicht – Fakt ist: Er kommt bei Frauen an und Silke dabei ins Schwitzen. Sie ist furchtbar eifersüchtig, und eigentlich wünscht sie sich nichts mehr, als dass Christian ihr nach zehn Jahren Beziehung endlich einen Heiratsantrag macht. Fünfmal hat sie ihn schon direkt gefragt, und fünfmal druckste der Gute dann herum und suchte Ausflüchte in Formulierungen wie

»Ich liebe dich doch auch so« oder »Warum jetzt, wir sind doch schon so lange zusammen«. Da hat er ja auch irgendwie Recht, die beiden haben sich bereits in der Schule kennen gelernt. Da war Silke süße 16 und Christian 19. Seitdem sind sie ein Paar, und somit ist Christian für Silke auch der erste und bislang einzige Mann im Bett gewesen.

Wir Freundinnen von Silke vermuten ja, dass Christian gar nicht mehr will – so oder so. Dass er keine engere Bindung zu Silke haben möchte und dass er eigentlich nur noch aus Gewohnheit mit ihr zusammen ist und den Absprung nicht schafft. Denn die große Liebe und traute Einigkeit ist das bei den beiden schon länger nicht mehr. Ständig zoffen sie sich. Silke will ein Kind, Christian will noch warten. Silke will ein kleines Häuschen außerhalb der Stadt, Christian liebt die kleine Drei-Zimmer-Wohnung in der Stadt. Christian will abends weggehen, Silke will lieber mit ihm fernsehen und auf dem Sofa kuscheln. Und Silke will eben heiraten, Christian aber lieber seine Freiheit behalten. So meckert sie, so meckert er, und zwischendurch raufen sie sich dann doch wieder zusammen – weil man ja schon so lange zusammen ist und auch nicht weiß, ob man etwas Besseres finden wird. Doch fast ist es klar, dass bei dem ganzen Gemecker das Sexleben der beiden zu einer Pflichtveranstaltung geworden ist, die alle 14 Tage stattfindet.

Die Freundinnen-Abende mit Silke drehen sich

mittlerweile zu 40 Prozent um ihren unerfüllten Kinderwunsch, zu 20 Prozent um die Inneneinrichtung und Außenanlage des Häuschens in spe, zu fünf Prozent um Christians Unordentlichkeit, weitere fünf Prozent gehen auf Christians pubertäre Ansichten, und den Rest teilen sich Jobsorgen, nervende Eltern, Kleidungsfragen sowie die Ansichten und Probleme des Gesprächsgegenübers.

Wirklich schade, dass Silke nicht mehr die alte ist. Die, die viel lachte und unternehmenslustig war. Die in Discos den Männern hinterherschaute und nach der man sich umdrehte, die flirtete und mit ihrem Leben zufrieden war. Heute ist das anders. Wenn ihr ein netter Mann über den Weg läuft, sagt Silke gleich: »Der sieht solide aus. Der will bestimmt Kinder und würde mich sofort heiraten.«

Vielleicht wird ja alles gut, wir Freundinnen wünschen Silke nichts anderes. Demnächst aber fährt das Paar erst einmal in den Urlaub. Über das Reiseziel streitet es jedoch noch. Silke will in die Karibik und sich sonnen, Christian nach Afrika auf eine Safari. Wir sind gespannt, woher die Postkarte schließlich kommen wird.

Und? Hat sich bei Ihnen der Neidfaktor gemeldet? Wollen Sie mit irgendeiner der drei Frauen tauschen? Mit Karin, mit Claudia oder mit Silke? Gehen wir den Dingen doch mal auf den Grund. Tauschen mit Karin hieße:

- Weniger Freizeit für sich
- Weniger Zeit für den Partner
- Weniger Geld (Kinder kosten)
- Mehr Hausarbeit (auch die emsigste Putzfrau ist nicht immer da)
- Kein langes Ausschlafen
- Keine langen, geselligen Partynächte
- Kein ungestörter Sex
- Mehr Verantwortung
- Nervige Gespräche mit Kindergärtnerinnen etc.

Dies sind nur einige Punkte aus der Liste der Lasten. Klar werden einige nun auf die Kinder hinweisen wollen, auf das hübsche Häuschen und die bestimmt tolle Zukunft des Vorzeigeehepaares. Doch die Geliebte weiß es besser (nicht nur, weil sie eventuell Geliebte eines Mannes wie Robert ist). Sie erkennt, dass Karin viel für andere tut und sich selbst dabei aufgibt. Und dann macht auch ein Häuschen nicht glücklich.

Also vielleicht lieber tauschen mit Claudia, der Single-Dame? Das würde bedeuten:

- Unregelmäßigen Sex beziehungsweise One-Night-Stands mit wechselnden Männern (auf die Dauer wird auch das langweilig)
- Keine Gewähr, dass der Sex gut sein wird
- Ungemütliche Frühstücksszenen am Morgen danach

- Keine Bestätigung, als Frau liebenswert zu sein (von nervenden Verehrern, die nicht infrage kommen, einmal abgesehen)
- Keine kleinen persönlichen Geschenke zwischendurch
- Keine lustigen und lieben SMS/E-Mails etc.

Natürlich mag sich jetzt eine ganze Schar überzeugter Single-Frauen melden und mit den Pluspunkten Freiheit, Unabhängigkeit, keine Rechtfertigung gegenüber dem Partner protzen. Na und? Das kennt die Geliebte auch, genießt es und hat darüber hinaus einen Mann, regelmäßigen Sex und das Gefühl, begehrens- und liebenswert zu sein.

Im Angebot zum Tauschen ist auch noch Silke, die zehn Jahre mit ihrem Christian zusammengluckt und diesen wohl nur unter Anwendung von körperlicher Gewalt jemals vor den Traualtar bekommt. Mit ihr einen Deal einzugehen, hätte zur Folge:

- Ungewissheit darüber, ob man wirklich geliebt wird (warum will der Typ denn nicht heiraten?)
- Ungewissheit darüber, ob der heiß begehrte Freund nicht fremdgeht
- Ein sinkendes Selbstwertgefühl als logische Folge
- Unbefriedigender Sex
- Zweifel an der gemeinsamen Zukunft
- Zermürbende Eifersuchtsanfälle

- Unzufriedenheit mit sich und dem Leben (auf einer Stelle zu treten macht niemanden glücklich)
- Kaum Erfahrung mit Männern (Silke hatte wirklich nur Christian)

Sicher, diese Beziehung hat auch ihre Vorteile – besonders für Christian. Wenn er abends nach Hause kommt, hat Silke in der Regel etwas Leckeres gekocht, und die Wohnung ist blitzblank geputzt, das macht ebenfalls Silke. Im Gegenzug ist Christian dafür zuständig, dass alle Rechnungen termingerecht bezahlt werden, dass das Auto fährt und Silke einmal im Monat einen Blumenstrauß bekommt. Das ist schon nett, zugegeben. Doch Blumen bekommt auch eine Geliebte, zusätzlich guten Sex und geklärte Verhältnisse. Warum also tauschen?

Sie, die Geliebte, ist es schließlich, die den passenden Mann gefunden hat und trotzdem unbeschwert durch die Kneipen ziehen kann. Sie kann ihre Unabhängigkeit genießen, ohne im Hinterkopf von ernsthafter Torschlusspanik geplagt zu werden und ständig auf der Suche sein zu müssen. Natürlich kann sie auch – und das ohne schlechtes Gewissen – weiterhin Ausschau halten. Denn weder ist sie fest gebunden, noch unterliegt sie paarbedingten Verpflichtungen.

»Wichtig ist bei allem Nachdenken«, so die Psychologin Monika Thurke, »sich klar zu machen, dass auch andere Beziehungsformen von Schwierigkeiten gekennzeichnet sind.« Schwierigkeiten wie beispielsweise Gefühle von Einsamkeit, Zurückweisung, Verletztsein, Kränkungen, mangelnde Fürsorge und Interesselosigkeit des Partners. »Es gibt kaum eine Lebensform, die bis in alle Ewigkeit ideal ist. Das ist pure Illusion«, sagt die Psychologin weiter. Denn meist ändern sich mit der eigenen persönlichen Entwicklung und den individuellen Erfahrungen auch die Wünsche und Bedürfnisse in einer Partnerschaft. Es gilt, Flexibilität zu bewahren und die eigenen Ansprüche zu erkennen, ihnen offen gegenüberzustehen und ihnen gerecht zu werden. Eine rosarote Brille verhindert dies nur.

Bitte hegen Sie, liebe Geliebte, kein Mitleid für die anderen. Sie haben sich ihre Lebens- und Liebesumstände größtenteils selbst ausgesucht. Auch der angebliche Schmusebär, 38/184/78, wird bestimmt eine Frau finden. Möglicherweise kriegt Claudia ja wieder einen ihrer Panikkoller und antwortet auf alle Kontaktanzeigen, die ihr in die Finger geraten ...

Gemeinsam stark

Gemeinsam einsam? Von wegen! Lieber gemeinsam stark. Mehr und mehr der geschätzten 1,5 Millionen Geliebten in Deutschland outen sich und erzählen ihre Geschichte, berichten über ihre Gefühle, Ängste und Hoffnungen. Sie wollen aufräumen mit all den Vorurteilen und sich nicht länger als »Buhfrauen« und »Ehebrecherinnen« darstellen lassen.

www.diegeliebte.de

Ein Treffpunkt für die Geliebten ist seit August 2000 das Internetportal www.diegeliebte.de (auch zu finden unter der Webadresse www.schattenfrauen.de). Neben Chatforen und Seiten für die eigenen Gedichte und Geschichten gibt es dort regelmäßig aktuelle Umfragen für Geliebte und für jene, die mit einer Geliebten oder einem Geliebten leben.

Damit nicht genug: Auch Betrogene kommen auf dieser Seite zu Wort und berichten über ihre Gefühle und Ansichten. Zudem ist eine Kontaktbörse vorhanden, über die Geliebte via E-Mail Kontakt zu anderen Geliebten aus ihrer näheren Umgebung aufnehmen können, sich verabreden und zum Beispiel bei einem gemeinsamen Kaffee oder Essen ihre Erfahrungen austauschen.

Hinter der Homepage steckt eine Frau, die weiß, wie es ist, eine Geliebte zu sein: Ihr Name ist Barbara Unterberger. Sie war selbst 14 Monate lang die Geliebte eines verheirateten Mannes. Jene, die die Internetseite www.diegeliebte.de schon länger besuchen, lernten Barbara zunächst unter dem Namen Julia kennen. Erst knapp zwei Jahre nach dem Start ihrer Seite bekannte sich Barbara Unterberger zu ihrem wahren Namen und erklärte: »21 Monate habe ich diese Homepage unter dem Nickname Julia betrieben. Jetzt ist es für mich an der Zeit, endlich ans Licht zu treten.«

Barbara Unterberger verabschiedete sich also von Julia und baute das Angebot der Seite weiter aus. Ihr liegt es am Herzen, den Betroffenen einen Ort zu geben, an dem sie sich austauschen und einander helfen können. Des Weiteren möchte sie den gesellschaftlichen Stand der Geliebten verändern und Vorurteile abbauen. Das Besondere an dieser Webseite besteht darin, dass nicht nur die Geliebten selbst sich untereinander austauschen können – wer möchte, kann sich zum Beispiel auch als Geliebte mit einer Betrogenen unterhalten und umgekehrt, auch die Ehemänner oder -frauen, die eine außereheliche Beziehung führen oder führten, können sich, so sie dies wollen, ebenfalls zu Wort melden. Auf diese Weise kann die eigene Situation von den verschiedensten Seiten betrachtet werden. Und da eine Geliebtenbeziehung nun mal eine Dreiecksbeziehung ist, kommt es nicht selten vor, dass die User das Bedürfnis haben, mit der »anderen Seite« zu sprechen.

Das gute Konzept von www.diegeliebte.de geht auf, und das hat sich herumgesprochen. Immer mehr klicken die Website an. Zählte die Homepage etwa im November 2001 erst über 200 000 Besucher, so konnte sie im Juni 2003 bereits über 900 000 Zugriffe seit ihrer Eröffnung verzeichnen. Und die Tendenz ist weiter steigend.

Wahrscheinlich liegt es auch daran, dass die Geliebten mit ihrer Situation offen umgehen und sich gegenseitig ernst nehmen. Es ist keine Internetseite, auf der jeder einmal kurz seine Geschichte erzählt und dann wieder verschwindet. Vielmehr hat sich über die Zeit hinweg eine Gemeinschaft von Gleichgesinnten gebildet, die füreinander da sind und sich übrigens nicht nur im Internet treffen. Mehr oder weniger regelmäßig finden in verschiedenen Städten Deutschlands auch so genannte Geigentreffen statt, bei denen sich die Geliebten persönlich kennen lernen können. Zu denken, Geliebte seien ein trostloser und depressiver Haufen, ist Sache der unwissenden Außenstehenden. Auf www.diegeliebte.de lässt sich unter der Rubrik »Geigenhumor« feststellen, dass die Geliebten eine Menge Humor haben und durchaus Witze machen können:

»Die 18-jährige Gabriele hat per Zeitungsanzeige einen Freizeitpartner gesucht und auch einige Zuschriften erhalten. ›Wie schön, mein Kind!‹, freut sich die Mutter. ›Ja, das finde ich auch toll, Mama!‹, lächelt die Tochter. ›Sogar Vati hat mir geschrieben ...‹«

»Moses kam vom Berg herab, um den Wartenden Gottes Botschaft zu verkünden: ›Also Leute, es gibt gute und schlechte Nachrichten. Die gute ist: Ich hab ihn auf zehn runtergehandelt. Die schlechte ist: Ehebruch ist immer noch dabei!‹«

Vieles könnte noch über die Homepage von Barbara Unterberger geschrieben werden. Doch am allerbesten ist es, einmal selbst den virtuellen Treffpunkt für Geliebte kennen zu lernen – also reinklicken, liebe Leserin. Und jenen von Ihnen, die in den eigenen vier Wänden nicht über einen Computer verfügen, sei gesagt: In vielen Städten gibt es Internetcafés, in denen Sie gegen eine geringe Gebühr das komplette technische »Surfmaterial« nutzen können.

»Auf alle Fälle sind die Gespräche unter Gleichen für eine Geliebte enorm wichtig«, sagt die Psychologin Monika Thurke und fügt hinzu: »Geliebte untereinander verstehen die Hoffnungen und Wünsche und verwerfen diese nicht als abwegig, wie es Außenstehende oftmals tun. Auch können Geliebte sich gegenseitig mit ihren Erfahrungen weiterhelfen. Denn was die eine bedrückt – sei es zum Beispiel die Frage, inwieweit sie ihren Eltern von der Beziehung erzählen soll –, hat die andere vielleicht schon längst für sich geklärt und kann darüber berichten.«

Pro Familia

Neben anderen Geliebten können aber auch die örtlichen Einrichtungen von Pro Familia helfen. Sie sind vor allem durch ihre Schwangerschaftsberatung und Verhütungsaufklärung bekannt, doch sie machen es sich seit Jahren ebenfalls zur Aufgabe, Menschen bei Partnerschaftssorgen mit Rat und Tat zur Seite zu stehen. Und zu den Menschen, die bei ihnen Hilfe suchen, zählen auch alle an einer Dreiecksbeziehung Beteiligten. Mit der Geliebten suchen die Pro-Familia-Berater in Gesprächen konkret nach Lösungen, damit sie sich wohl fühlt – entweder in der Rolle der Geliebten oder in einer anderen Rolle. Daher stehen in den Beratungssitzungen Fragen im Vordergrund wie beispielsweise:

- Ist die Geliebte mit ihrer Situation zufrieden?
- Was muss geschehen, damit die Geliebte zufrieden ist?
- Ist das Geliebtendasein für sie die optimale Lebensform?
- Was für Alternativen gibt es oder wünscht sie sich?
- Woran sind die möglichen Initiativen und Versuche, diese Alternativen zu leben, gescheitert?

Die Gespräche dauern im Schnitt etwa eine Stunde. Der Preis dafür richtet sich nach dem Nettoeinkommen der zu beratenden Person. Wer einen Termin vereinbaren möchte, findet die Adressen aller örtlichen Pro-Familia-Beratungsstellen im Internet unter www.profamilia.de.

Oftmals sind die Gleichen näher, als die einzelne Geliebte vielleicht denkt. Bei einem Plausch mit einer Arbeitskollegin erzählte ich ihr von diesem Buch, an dem ich zu der Zeit gerade schrieb. Sie meinte zu mir: »Oh ja, Geliebte, das Thema kenne ich nur allzu gut. Vor fünf Jahren war ich selbst eine Geliebte. Das ging über ein Jahr. Dann hat sich der Mann entschieden – für mich.« Die 29-Jährige lebt heute mit genau diesem Mann in Hamburg zusammen.

Ein ganzes Wochenende mit ihm – nur Tom und ich. Fast bekam ich es mit der Angst zu tun, als Tom mir erzählte, dass seine Frau mit den Zwillingen zur Oma fahren würde. Ich meine, wir hatten Abende miteinander verbracht, bis Mitternacht oder kurz danach, aber noch nie gemeinsame Nächte, die tatsächlich bis zum nächsten Morgen dauerten. Doch nun, ein Jahr nach unserem Kennenlernen, sollte es geschehen.

Zunächst überlegten Tom und ich, ob wir wegfahren sollten. Irgendwohin, in ein kleines, nettes Hotel oder auf eine gemütliche Wellness-Farm. Dann aber sagte ich ihm, dass ich doch lieber zu Hause bleiben würde. Ich weiß auch nicht, irgendwie war es mir fast ein wenig unheimlich, dass wir so viel Zeit zusammen verbringen würden. Vielleicht würden wir uns gar nicht verstehen. Vielleicht würden wir uns morgens anschauen und uns voreinander gruseln. Vielleicht würden wir feststellen, dass es nur so funktioniert, wie es seit über 360 Tagen funktioniert hat. Und was wäre dann? Nein, das war mir alles zu riskant, und ich wollte wenigstens meine gewohnte Umgebung haben, wo ich mich zurückziehen konnte. Daher entschied ich mich gegen einen Kurz-Urlaub.

Tom hatte für meine Entscheidung Verständnis. Er fragte mich aber auch, ob ich nicht einmal sehen wolle, wie er wohnte. Er dachte dabei an einen kurzen Abstecher, möglicherweise auch ein Abendessen in seinem Haus. Doch bei dieser Vorstellung kam ich ins Wanken. Auf der einen Seite war ich neugierig. Großer Gott, und wie neugierig ich war. Ich wollte wissen, wie das Schlafzimmer von Tom und seiner Frau aussieht. Ich wollte mir das Bad anschauen, die Dusche, den Spiegel. Ich wollte sehen, was für ein Tisch es ist, an dem Tom jeden Morgen mit seiner Familie frühstückt. Ich wollte mir das Sofa anschauen, auf dem Tom jedes Wochenende sitzt und Fernsehen schaut. Ich wollte den Garten sehen, wo er mit seinen Söhnen manchmal Fußball spielt und Würstchen grillt. Ich wollte auch den Kleiderschrank aufmachen und mir die Röcke, Blusen, Pullover, Kleider und Hosen seiner Frau anschauen. Ich wollte die Wäscheschubladen aufziehen und nach den BHs und Slips gucken, die sie trägt. Oh ja, ich war neugierig und gerne hätte ich meinen Voyeurismus befriedigt. Doch so groß die Verlockung auch war – ich lehnte Toms Vorschlag ab. Denn sein Zuhause war auch das Zuhause seiner Frau. Es war ihr Revier, ihr Rückzugsgebiet, ihr Raum, in dem sie mit Tom zusammenlebte. Sie war die Ehefrau, ich die Geliebte – und ebenso hatte ich mein Revier, meinen Rückzugsraum und meinen Ort, an dem ich mit Tom glücklich war. Dort, wo sie, die Ehefrau, außen vor bleiben und auch nicht sehen sollte, in was für einem Bett ich schlief, welche Unterwäsche ich trug und wie mein Sofa aussah, auf das ich mich abends gemütlich legte. Kurzum: Sie hatte ihr Leben und ich meines. Punkt.

Meine liebe Freundin Juliane flippte fast aus, als wir wie so oft beim Spanier saßen, Tapas und Wein genossen und das Gespräch mal wieder auf sie, Toms Ehefrau kam. »Wann entscheidet sich der Typ denn endlich mal?«, fragte mich Juliane und legte nach: »Das geht jetzt schon so lange so. Das ist doch kein Zustand. Wie hältst du das aus?«

Ich nahm erst einmal einen kräftigen Schluck Wein, um meine Gedanken zu sammeln. Da war es, das Thema: »Sie oder ich?« Für Juliane gab es hier keine Diskussionen, für mich schon. Wollte Juliane unbedingt eine Entscheidung, war ich froh, dass es keine gab. Dass unsere Beziehung so war, wie sie war. Also sagte ich meiner lieben Freundin: »Ich will nicht, dass er sich entscheidet. Davon abgesehen, er wird sich auch nicht entscheiden. Und das ist gut so.« Als Juliane meine Meinung hörte, schnaubte sie und wurde vor Aufregung richtig rot im Gesicht. Dann fielen die Worte »Drückeberger«, »Feigling« und »Macho mit mehreren Frauen«. Ich musste grinsen, was Juliane nur noch mehr verwirrte und weiter auf die Palme trieb. Sie beschwerte sich über die Männer, die meinten, mit Frauen alles machen zu können, und sie appellierte an mein Selbstwertgefühl und forderte, dass ich mir mal überlegen solle, was wirklich gut für mich sei.

Tatsächlich hatte ich dies schon längst getan und dabei für mich festgestellt: Es sollte alles so bleiben, wie es war. Was in einigen Jahren sein würde – wer wusste das schon? Vielleicht würde ich dann meine Einstellung ändern – oder auch nicht.

Vielmehr fragte ich mich, warum Juliane so sehr auf eine Entscheidung von Tom drängte. Konnte sie mich denn nicht verstehen und begreifen, dass ich keine Entscheidung wollte?

Wie erwähnt: Ich konnte nicht leugnen, dass ich über die »Sie-oder-ich«-Frage schon nachgedacht hatte. Sogar ziemlich oft und auch über die mögliche Antwort von Tom und darüber hinaus. Ich kannte Tom nur als Mann, der manchmal, aber doch regelmäßig bei mir war. Der kam, aber auch wieder ging, und mir gefiel das so. Ich wusste nicht so recht, wie es wohl wäre, wenn ich ihn ganz für mich hätte, wenn er jeden Tag und jeden Abend bei mir wäre. Dann würden wir beide auch mit jenen Seiten des Partners umgehen müssen, die wir vielleicht noch gar nicht kennen gelernt hatten. Die uns möglicherweise nicht gefallen würden und das, was wir hatten, zerstören könnten. Auch war ich doch froh darüber, immer wieder die Tür hinter Tom schließen zu können und Zeit für mich zu haben. Das ist keineswegs ein Zeichen von Unflexibilität. Ich liebe meine Freiheit und Selbstständigkeit. Gut, ein bisschen Bindungsangst, die gestand ich mir vielleicht ein. Aber warum sie bestand, das wusste ich selbst nicht. Schließlich hatte ich keine schlechte Kindheit gehabt. Möglicherweise war ich einfach noch nicht so weit, eine feste Partnerschaft einzugehen.

Auf jeden Fall war das Leben als Geliebte für mich ein guter Weg, das Bedürfnis nach Nähe und Zweisamkeit mit dem Drang nach Unabhängigkeit und extremer Selbstverantwortung zusammenzubringen. Ich war als Geliebte glücklich.

Und apropos glücklich: Unser erstes gemeinsames Wochenende wurde richtig schön. Tom war wesentlich entspannter beim Sex, und ich war es auch. Wir wussten beide, dass wir uns nicht beeilen mussten, weil niemand auf Tom wartete. Wir konnten uns Zeit lassen. Großer Gott, schon alleine bei der Erinnerung wird mir wieder ganz schwummrig. Wir haben das Beisammensein eben richtig zelebriert. Ich hatte gekocht, es gab erst Wein und dann sogar Champagner. Letzteren aber wirklich später und im Bett.

Wir redeten viel, über den Job, über Freunde, über unsere Kindheit, über Musikbands, Hollywoodschauspieler und unseren ersten Sex als Jugendliche.

Es war schön, aber am nächsten Morgen auch komisch. So kannte ich Tom nicht: am Frühstückstisch, mit einer Kaffeetasse vor sich, in der Zeitung blätternd, völlig relaxed. Ehrlich gesagt merkte ich in diesem Moment, dass ich unruhig wurde. Ich war es nicht gewohnt, mit ihm diese Art von Intimität zu erleben, mit ihm so lange meine Wohnung zu teilen und dabei Rücksicht zu nehmen. So war ich froh, dass Tom kurz zu sich nach Hause fuhr und ich einige Stunden für mich hatte. Klar haben wir uns dann später am Tag noch gesehen. Tom hatte Theaterkarten besorgt, und wir schauten uns Shakespeares *Timon von Athen* an. Anschließend gingen wir noch in das italienische Restaurant, in dem wir den ersten gemeinsamen Abend miteinander verbracht hatten. Es wurde richtig spät, und am nächsten Morgen kämpfte Tom mit einem Kater. Unser erstes Wochenende, ich denke gerne daran zurück.

Ebenso übrigens an meinen ersten Geburtstag als Geliebte. Ich war aufgeregt und mal wieder verdammt neugierig. Was würde Tom sich wohl ausdenken? Würde er sich überhaupt etwas einfallen lassen? Würde er mir überhaupt etwas schenken? Und wenn ja, was? Durfte ich etwas von ihm erwarten? Ehrlich gesagt: Hätte er meinen Geburtstag vergessen, ich hätte es ihm übel genommen und ihn wahrscheinlich sogar vor die Tür gesetzt.

Aber schon wieder hatte ich mir zu viele Gedanken gemacht. Bereits zwei Tage vor meinem Geburtstag grinste mich Tom in der Mittagspause an und meinte: »Kannst du dir an deinem Geburtstag freinehmen? Ich könnte es nämlich.«

Tom holte mich morgens mit dem Auto ab, und wir fuhren in ein kleines Wellness-Hotel knapp 80 Kilometer von unserem Wohnort entfernt. Es gab herrliche Massagen, wir gingen in die Sauna und ins Dampfbad, dösten im Ruheraum, und auf mich wartete noch eine Gesichtsbehandlung. Beim anschließenden vorgezogenen Abendessen – seine Ehefrau wartete ja auf ihn – schenkte mir Tom noch einen

Theaterführer, zwei Eintrittskarten und einen neuen Katzenkorb für She. Ich war froh, dass es keine Unterwäsche und kein Parfüm war. Tom hatte sich Gedanken gemacht – zuerst über mich und meinen Geschmack, dann über das Geschenk. Genau das schätzte ich so sehr an ihm, und es gab mir die Gewissheit, mehr als einfach nur irgendeine Frau für ihn zu sein. Denn auch wenn ich schon mit einem gesunden Selbstbewusstsein gesegnet war und mir die Rolle der Geliebten quasi ausgesucht hatte, wollte ich doch als Mensch geachtet und nicht als zweite Wahl gehandelt werden.

Auf immer und ewig?

»Verliebt, verlobt, verheiratet« singen kleine Schulmädchen frech vor sich hin, wenn eine ihrer Freundinnen mit einem Jungen nur spricht. Natürlich wissen sie in diesem Alter noch nicht, dass es Partnerschaftskonstellationen gibt, die weniger formell verlaufen. Auch heute bezweifeln viele erwachsene Menschen, dass eine ganz und gar informelle Beziehung eine richtige Partnerschaft ist, und sind daher der Ansicht, dass sie bestimmt nicht lange hält.

Was hilft, ist Aufklärungsarbeit. Auch ohne Trauschein kann eine Partnerschaft über Jahre andauern. Etliche Geliebte und ihre Männer können es bestätigen. Camilla Parker Bowles – über 20 Jahre war sie die heimliche Geliebte des englischen Prinzen.

Das Geliebtendasein ist beileibe nicht auf einen Quickie in der Besenkammer beschränkt und muss auch nicht nach dem Sex-Six-Pack zu Ende sein. Die Beziehung kann über Monate, sogar Jahre und Jahrzehnte halten, und mit der Zeit vervielfachen sich die Vorteile einer solchen Beziehung.

Die ersten 20 Tage: mit offenen Karten spielen

Das Gehirn schaltet am Anfang einer Geliebtenbeziehung meist auf unkontrollierten Leerlauf um, denn zu viel ist neu und kann noch nicht verarbeitet werden. So dominieren erst einmal die Schmetterlinge im Bauch – bei den heimlichen Treffen und Telefonaten sowie beim ersten, zweiten, dritten Mal Sex. Genuss für alle Sinne, das heißt schmecken, hören, riechen, fühlen, sehen. Natürlich ist das alles aufregend, aber auch ein wenig anstrengend. Denn für die Geliebte ergeben sich zahlreiche ungeklärte Fragen wie zum Beispiel: Was will mein Partner von der Beziehung? Wie sieht er mich? Wie viel kann ich ihm erzählen? Wie viel soll ich von mir geben?

Bevor aber womöglich die schöne Phase des Kennenlernens in diesem Nachdenken untergeht, sollte die Geliebte gleich mit offenen Karten spielen. Bereits in den ersten 20 Tagen der Beziehung sollte sie ihrem Partner ihre eigenen Bedürfnisse verdeutlichen und sich die Freiräume schaffen, die sie braucht. Sie sollte ihrem Partner zeigen, dass sie nicht wartet und sich auch nicht einengen lässt. Dass sie nicht auf Kommando springt und er sie nicht – wie vielleicht seine Ehefrau – herumkommandieren kann. Die Geliebte sollte sich ihren eigenen Gefühlen ehrlich stellen und entsprechend handeln. Versäumt sie dies in der Anfangszeit und gaukelt sie ihrem Partner etwas anderes vor als das, was sie wirklich will, wird es schwer, dies im Nachhinein zurechtzubiegen.

Ein Quartalscheck ist entweder mehr als erfreulich oder aber absolut nervenaufreibend. Denn bis zu diesem Zeitpunkt durften Sie die ersten Macken und Marotten des Mannes kennen lernen. Es geht dabei um Essmanieren, Humor, Sexgelüste, seine Küsskunst, um seine Gestik und Mimik. Vielleicht war er ein Blender und bringt auf dem Bettlaken plötzlich nur noch die Hälfte an Leistung. Oder aber der Mann schmatzt beim Essen und will eigentlich immer nur über seine kaputte Ehe reden. Vielleicht ist er aber auch viel zärtlicher geworden, weil sich Vertrauen zur Geliebten aufgebaut hat. Vielleicht redet er über seine Wünsche und Gefühle, erzählt lustige Geschichten aus seiner Kindheit und kann in Gegenwart der Geliebten über sich selbst lachen, weil er sich wohl fühlt und weiß, dass er ihr nichts vorspielen kann oder muss.

Auf alle Fälle gibt es nach einem Vierteljahr viele Dinge, die das Geliebtenleben extrem vereinfachen. So kennt die Geliebte seinen Tagesablauf und weiß, wann und wo sie ihren Partner am besten telefonisch erreicht. Sie kennt seine erogenen Zonen und weiß, wie ihr Partner mit bestimmten Situationen umgeht – Stress im Beruf, Eheprobleme, Krankheit, Geldsorgen – und kann darauf reagieren oder ihm gegebenenfalls aus dem Weg gehen.

Ebenso hat der Partner hoffentlich erkannt, wann

die Geliebte ihre Freiräume braucht und er ihr diese auch lassen muss. Es geht um mehr als nur eine Affäre – das wird jetzt langsam deutlich –, und damit sollte die Achtung vor dem Partner steigen und das Vertrauen wachsen.

Ein halbes Jahr: die Routine

Routine ist ein Wort mit ernsthaften Imageproblemen: Denn dieser Begriff ist beileibe nicht nur negativ zu verstehen, sondern vielmehr schließt Routine viele Vorteile ein. Auch in Beziehungen ist Routine hilfreich und heißt zum Beispiel: Nicht mehr nachfragen zu müssen, sondern zu wissen, wie der Partner das Gesagte meint. Die Geliebte sieht dem Mann jetzt bereits an, wenn ihn etwas bedrückt. Sie kann am Tonfall der Stimme erkennen, wie es ihm geht. Geliebte und Partner verstehen sich demnach mehr und mehr auch ohne Worte.

Häufig haben sich zudem Termine und Orte für die Treffen eingespielt. Dies spart zum Beispiel beim Telefonieren einige Wann-, Wo- und Wie-Fragen, wodurch mehr Zeit bleibt, um von Schönem zu erzählen. Die Geliebte wie auch der Partner haben jetzt ihre Rolle in der Beziehung gefunden und nehmen es daher auch nicht mehr persönlich, wenn der andere einmal kurzfristig ein Date absagt. Im Gegenteil: Für die Geliebte ist das zusätzliche Zeit, die sie mit ihren Freundinnen und Freunden verbringen kann. Die wichtigsten Personen in ihrem Leben sind mittlerweile überwiegend eingeweiht. Auch das erleichtert vieles im Alltag der Geliebten. Sie muss nun nicht mehr irgendwelche Ausreden erfinden, wenn sie das Treffen mit der Freundin vielleicht verschieben muss, weil der Partner sie mit Theaterkarten überrascht.

Apropos: Theater, Kino, Spaziergänge oder ein romantisches Candle-Light-Dinner beim Italiener sind zwar noch nicht der Alltag, aber der Partner und die Geliebte stehen zueinander und zeigen sich öfter gemeinsam in der Öffentlichkeit – die anderen müssen ja nicht die wirklichen Hintergründe der Treffen kennen. Es ist schließlich erlaubt und fast normal, als Arbeitskollegen oder gemeinsam Sport Treibende noch etwas trinken zu gehen.

Das Einjährige

Dieser Jahrestag sollte mit einer Flasche Wein oder Sekt gefeiert werden. Das haben sich die Geliebte und ihr Partner verdient. Sie managen beide ihren Alltag mit Job, Haushalt, Freunden und Familie. Umso schöner ist, zusätzlich eine Beziehung mit der Geliebten als Oase der Zweisamkeit und Erholung zu haben. Und warum sollte sie das auch nicht sein? Schließlich haben sowohl der Partner als auch die Geliebte ihre Freiräume in dieser Beziehung, die sie genießen.

Im Lauf der Zeit

In den folgenden Monaten oder gar Jahren kann sich die Geliebte über ihre Freiheiten und ihr Leben in dieser Position freuen. Sie kann ihren Weg gehen und sich auf den Job, auf die Freunde, auf ihre Hobbys und auf ihre Rolle als begehrte Frau konzentrieren. Die Beziehung zum Partner hat ihren Rhythmus längst gefunden, was aber nicht heißen soll: Sie läuft und läuft und läuft wie ein alter VW-Käfer. Die Geliebte und ihr Partner sollten sich stets aufs Neue ihrer Verbindung bewusst sein und einander schätzen.

Veränderungen

Zu einer Beziehung gehört es, »... sich während all der Zeit auch auf Veränderungen einzulassen und keine Angst davor zu haben, neue Seiten an dem Partner zu entdecken«, sagt Monika Thurke und führt weiter aus: »Veränderungen sind wichtige Kennzeichen einer lebendigen Beziehung.« Nur wenn die Partnerschaft nicht stagniert, kann sie wirklich bestehen. Dazu die Psychologin: »Wichtig für die Geliebte ist, sich nicht über die Jahre hinweg in der Lebensplanung des Partners zu verlieren, sondern sich eigene Maßstäbe zu setzen. Dazu gehört auch, einen eigenen Anspruch an die Beziehung zu definieren und diesen immer wieder auf seine Erfüllung hin zu überprüfen.«

Im Klartext bedeutet es, Augen und Ohren immer offen zu halten und sensibel für Veränderungen zu sein, sie wahrzunehmen und zu überprüfen. Die Geliebte sollte sich immer fragen: Will ich das? Bin ich noch zufrieden? Kann ich mich frei entfalten? Ist meine Beziehung für mich eine erfüllte Partnerschaft?

Warnsignale

Leider schleichen sich mit der Zeit manchmal klammheimlich Alltagsprobleme in eine Beziehung, die nicht gleich als Probleme erkannt werden, aber doch häufig zu einer Trennung führen. Der Hamburger Psychologe Michael Thiel hat die Warnsignale zusammengestellt, die anzeigen, ab wann eine Beziehung grundsätzlich gefährdet ist.

1. Substanzielle Geheimnisse

Wenn ein Partner schwerwiegende Geheimnisse wie Schulden, Krankheiten, Drogenprobleme oder Ähnliches verschweigt. Das bedeutet Vertrauensverweigerung auf existenzieller Ebene!

2. Funkstille im Bett

Wenn über Monate hinweg kein Austausch von Zärtlichkeiten, kein gemeinsames Kuscheln und erst recht kein Sex mehr stattfinden, ist das ein Symptom für tiefer liegende Probleme eines Partners oder ungelöste Probleme in der Beziehung selbst. Zudem ruft die fehlende Nähe oftmals schwere Minderwertigkeits- und Schuldgefühle beim vernachlässigten Partner hervor, der die Ursachen dafür erst einmal bei sich selbst sucht!

3. Chronischer Streit

Ständige Streitigkeiten um dieselben Themen, ohne dass Lösungen gefunden werden oder eine Versöhnung stattfindet, machen jede Beziehung mürbe.

4. Parallel leben

Nebeneinanderher zu leben wie in einer schlechten Wohngemeinschaft vergrößert nur noch die Distanz zueinander und mündet schließlich in Resignation. Der Partner wird wie ein »Lieblingsmöbelstück« gesehen und fühlt sich im Extremfall zum Gebrauchsobjekt degradiert.

5. Kein Vertrauen mehr!

Aggressive und dauerhafte Eifersucht ist ein absoluter Liebesvernichter: Das Grundvertrauen zum Partner wird damit infrage gestellt, die Liebe angezweifelt. Die Beziehung erfährt durch Spionage und Unterstellungen eine Erschütterung ihres Fundaments.

6. Das Eigenleben wird aufgegeben

Gerade für eine Geliebte besteht diese Gefahr, ihr eigenes Leben zu vernachlässigen. Doch generell gilt: Wer seine eigenen Interessen und Freunde aufgibt, nur noch alles mit dem Partner gemeinsam machen will, raubt der Beziehung langfristig ihren Nährboden. Denn durch zu viel Nähe entsteht oftmals Dichtestress und Langeweile – der Anfang vom Ende einer Beziehung.

Tritt eines oder treten sogar mehrere dieser Anzeichen auf, verstehen Sie dies als Warnung, als ein Wachrütteln. Derartige Entwicklungen können auftreten, sie müssen es aber nicht. Sie können dies verhindern, wenn Sie, liebe Leserin, liebe Geliebte, wachsam sind – und ihr Partner ebenfalls.

Zudem gibt es etliche Mittel, die eine Beziehung am Leben erhalten und mit denen Sie dem Partner wichtige Botschaften senden können:

1. Kleine Geschenke zwischendurch
Botschaft: Ich habe an dich gedacht und möchte, dass du dich freust.

2. Komplimente machen
Botschaft: Ich nehme dich wahr, immer wieder aufs Neue, und finde dich reizvoll.

3. Situationen bewusst wahrnehmen und dies sagen
Botschaft: Ich bin gerne mit dir zusammen und genieße die Zeit mit dir.

4. Auf das eigene Aussehen achten
Botschaft: Du bist mir wichtig, für dich mache ich mich schön.

5. Sich mit dem Partner zeigen
Botschaft: Versteckspielen? Warum? Ich stehe zu dir.

6. Fehler verzeihen und Launen (begrenzt) ertragen

Botschaft: Jeder hat einmal einen schlechten Tag, und zum Glück gibt es immer ein Morgen.

7. Wünsche ehrlich äußern

Botschaft: Ich möchte, dass du weißt, was in mir vorgeht, und darauf eingehen kannst. So werden wir beide glücklich.

8. Gemeinsam lachen und den Alltag akzeptieren

Botschaft: Ich habe Spaß mit dir, und es muss nicht jeden Tag etwas Besonderes geschehen. Dass wir zusammen sind, ist allein schon etwas Besonderes.

Test: Wie stehen die Chancen für die Zukunft Ihrer Beziehung?

Danke Amor! Von deinem Pfeil lässt sich doch jeder gerne treffen. Das Verliebtsein ist ja auch zu schön, die Schmetterlinge im Bauch, das Kribbeln und Träumen wie zu Teenagerzeiten. Doch was wird wohl daraus werden? Ist es die große Liebe? Soll es überhaupt die große Liebe sein? Zwar weiß jede Geliebte selbst am besten, was sie sich wünscht, trotzdem, zu wissen, wie die Dinge stehen und woran man ist, kann nie schaden. Also, wie viel hält Ihre Beziehung aus?

Gibt es überhaupt eine gemeinsame Zukunft? Auf welcher Grundlage sind Sie, liebe Leserin, liebe Geliebte, mit Ihrem Partner zusammen und wie stark ist Ihre Beziehung eigentlich? Fragen über Fragen, zu denen der Hamburger Psychologe Michael Thiel exklusiv für dieses Buch einen Test entwickelt hat.

Herausgekommen sind 15 Fragen, die Aufschluss über die Grundlagen, Chancen und auch möglichen Risiken in der Partnerschaft geben. Wenn Sie jetzt neugierig geworden sind, beantworten Sie einfach die nachfolgenden Fragen, zählen anschließend die Punkte zusammen und schauen Sie dann auf Seite 242 nach der Auswertung.

1. **Mal ehrlich: Wie sieht es bei Ihnen mit dem Alleinsein aus?**
   Kein Problem –
   ich gehe auch allein auf die Piste 4
   Hasse ich – ich denke immer nur an ihn 0
   Ab und zu brauche ich einfach
   ein paar Stunden für mich 2

2. **Jeder hat sexuelle Phantasien: Haben Sie Ihrem Partner schon mal davon erzählt?**
   Na klar – das bringt jeden Mann in Fahrt 4
   Ja, und ich kenne auch seine 2
   Nein – ein Mann, der mich wirklich liebt,
   spürt meine Wünsche 0

3. Wie wichtig ist der Job für ihn?

Der hat bei ihm leider immer
oberste Priorität 0
Genauso wichtig wie mir 2
Schon wichtig –
aber bei mir kann er sich entspannen 4

4. Fragen Sie Ihren Bauch: Ist Ihr Partner ein Mensch, auf den Sie sich voll und ganz verlassen können?

Hundertprozentig 0
Eher weniger – aber das macht ihn
auch so interessant und erotisch 4
Vertrauen ist gut – Kontrolle ist besser 2

5. Hier geht es nicht um Sex: Wie sieht es bei Ihnen mit Umarmen und Kuscheln aus?

Das reicht uns beiden nicht 4
Leider viel zu wenig 0
Machen wir häufig –
das sind die schönsten Momente 2

6. Haben Sie das Gefühl, mit Ihrem Partner über tatsächlich alles reden zu können?

Ich finde, zu viel Reden
tötet jede Leidenschaft 4
Natürlich – wir sind Seelenverwandte 0
Ich probiere es –
deshalb fliegen auch manchmal die Fetzen 2

7. **Wie glücklich sind Sie?**
Superglücklich 0
Mal so, mal so 2
Das Leben ist sehr aufregend –
aber glücklich ...? 4

8. **Passiert jedem mal: Heftiger Streit am Sonntagvormittag. Und danach?**
Sex nach einem Krach ist doch das Beste 4
Das muss ich am Sonntag nicht haben!
Ich schmeiße ihn raus 2
Ich bin todunglücklich 0

9. **Träumen Sie manchmal zusammen?**
Wenig – wir werden viel zu oft
von der Realität eingeholt 2
Ach ja: blauer Himmel, Bounty-Strand,
endlos Sonne – und haufenweise Geld 4
Nicht nur manchmal – und in unseren
Träumen haben wir keine Sorgen mehr 0

10. **Fühlen Sie sich mitunter von Ihrem Partner eingeengt?**
Nein, er lässt mir mehr Freiheit,
als ich überhaupt haben möchte 0
Kommt schon mal vor –
dann brauchen wir ein wenig Abstand 2
Oft – besonders, wenn er eifersüchtig ist 4

11. Hätten Sie gern mehr Sex?

Noch mehr? 0

Davon kann ich nie genug bekommen – und er auch nicht! 4

Ja 2

12. Reagieren Sie eifersüchtig, wenn Sie hören, dass eine andere Frau offensichtlich Gefallen an Ihrem Geliebten findet?

Natürlich – er gehört zu mir! 0

Kommt darauf an, wie attraktiv die Frau ist … 2

Beim bloßen Gucken noch nicht – denn er ist einfach ein toller Typ 4

13. Stellen Sie sich vor, auf einer Party kommen Sie so richtig in Flirtlaune – beichten Sie es Ihrem Geliebten später?

Niemals! 2

Warum nicht? Er hat schließlich kein Besitzrecht auf mich 4

Solange ich glücklich bin, komme ich garantiert nicht in diese Laune 0

14. Können Sie sich vorstellen, mit Ihrem Geliebten Kinder zu haben?

Dafür wären wir beide wahrscheinlich nicht der Typ 4

Irgendwann schon 0
Nur, wenn er sich eindeutig
für mich entscheidet 2

15. Geht Ihr Geliebter genügend auf Sie ein?
Er probiert es, aber in vielen Fällen
versteht er mich überhaupt nicht 2
Er sorgt sich rührend –
nur fehlt ihm meistens die Zeit 0
Das muss er schon – sonst bin ich weg 4

Tag der Entscheidung

Durch Verdrängen bessert sich keine Situation, ebenso wenig werden Schönrederei, Schokolade oder eine Shopping-Tour helfen. Abzuraten ist auch von Abenden, an denen der Videorecorder herhalten muss und mit alten Folgen von *Sex and the City* oder *Ally McBeal* das Ego aufgepäppelt werden soll. Diese Ablenkungsmanöver helfen vielleicht für ein paar Minuten und nehmen für diese kurze Zeit die Last von den Schultern, auf die Dauer aber führen sie zum Alleinsein und verschlechtern die eigene Stimmung. Ihre Situation wird sich dadurch nicht zum Positiven ändern, und die Belastung kehrt zurück. Es ist ein Aufschieben, ein Wegschieben.

Entscheidungen aber gehören zu unserem alltäglichen Leben genauso dazu, wie diese zu tragen. Wir müssen selbst entscheiden, und wir tun es Tag für Tag: Pommes mit Mayo oder Ketchup, im Kino das Parkett oder den Logenplatz, Badeanzug oder Bikini, lange Mähne oder Kurzhaarschnitt, mit dem Mann schlafen oder es sein lassen?

Einige Dinge klären sich von selbst, andere müssen wir konkret angehen. Es kann sein, dass die Fragen »Gehen oder bleiben?«, »Sie oder ich?« wochen-, monate-, möglicherweise jahrelang im Hinterkopf herumschwirren, ohne dass sie eine Antwort verlangen. Doch plötzlich, auf der Hochzeit der besten Freundin, an dem eigenen Geburtstag oder durch ein Kinoplakat oder einen Song im Radio, werden wir an diese Fragen erinnert – und plötzlich drängt es in uns nach einer Entscheidung. Manchmal wird es nicht leicht sein, sie zu fällen, und oft kommen noch andere Ungeklärtheiten hinzu: Muss der Partner sich entscheiden? Muss die Geliebte sich entscheiden? Wer muss sich eigentlich für wen entscheiden? Der Mann für die Geliebte? Oder ist der Ehefrau der Vorzug zu geben? Muss alles ein Ende haben? Gibt es eine Zukunft zu zweit? Was ist die beste Lösung – für alle?

Die Geliebte lässt den Partner entscheiden

Sicher wäre eine unvernehmlich mit dem Partner getroffene Entscheidung das Sinnvollste, doch scheitert so ein gemeinsamer Entscheidungsversuch besonders dann sehr schnell, wenn die Parteien in dieses Gespräch hineingehen, ohne sich zuvor selbst Gedanken darüber gemacht zu haben, was sie eigentlich wollen.

Denn die innere Bilanzierung löst zunächst typische Ängste vor Veränderungen aus. Wie wird es weitergehen? Wird es einen neuen Mann geben? Wann wird es einen neuen Mann geben? Und wird der geliebte Mann, der jetzige oder spätere, über längere Zeit bleiben?

Bevor es konkrete Antworten gibt, wird oftmals lieber dem Partner die Verantwortung übertragen. Er soll die ersehnte Entscheidung treffen. Wohlgemerkt ist dies keine Entscheidung der Geliebten, sondern vielmehr ein Delegieren von Entscheidungen, und davon ist abzuraten. Trotz allem möchte ich Ihnen die zwei folgenden Varianten vorstellen, die in diesem Fall auf die Geliebte zukommen können.

1. Variante: Er entscheidet sich für seine Frau

Die Geliebte stellt ihrem Freund die »Sie-oder-ich«-Frage, und sie war einmal seine Partnerin. Laut einer Umfrage auf der Internetseite www.diegeliebte.de wünschen sich nur 39 Prozent der Befragten eine gemeinsame Zukunft mit ihrer Geliebten, auch verspüren viele nicht den Druck, sich entscheiden zu müssen: Schließlich hat sich bei 54 Prozent der Befragten die Ehesituation seit Beginn der Geliebtenbeziehung verbessert. So ist es fast nachvollziehbar, dass die Forderung an ihn, eine Entscheidung zu treffen, für Verzweiflung und Probleme sorgt.

»Den Partner massiv unter Druck zu setzen oder gar zum Mittel der Erpressung zu greifen, nutzt in der Regel wenig, und es ist auch davon abzuraten«, erklärt Dr. Monika Thurke. »Der Partner fühlt sich so zumeist nur in die Enge getrieben und zu einer Entscheidung gezwungen, die er selbst unter anderen Umständen gar nicht treffen würde.«

Die Folge ist ein Entschluss, bei dem mitunter

gleich zwei Menschen unglücklich zurückbleiben, auf der einen Seite die Geliebte, auf der anderen Seite aber auch der Ehemann. Denn während sich die Geliebte als Verliererin sieht, sich mit Selbstvorwürfen plagt und an die gemeinsame Vergangenheit denkt, geht es dem Partner nicht anders. Auch er ist traurig über das Ende der Beziehung, macht sich ebenso Vorwürfe, dass es so enden musste, und bereut die Entscheidung schon in der nächsten Minute.

2. Variante: Er entscheidet sich für die Geliebte

Mit seiner Geliebten will der Mann einen neuen Lebensabschnitt beginnen. Alles scheint gut zu werden – aber die Garantie auf Glück und lebenslange Liebe gibt es nicht. Im Gegenteil: Viele Männer plagt nach der Trennung von ihrer Ehefrau das schlechte Gewissen, sie machen sich Vorwürfe, das Eheversprechen gebrochen zu haben. Nicht selten kehren nach etwas zeitlichem und räumlichem Abstand plötzlich die alten Gefühle für die Ehefrau zurück, und die Männer wenden sich dieser wieder zu.

Hinzu kommt die neue Situation in der gemeinsamen und nun auch offiziellen Beziehung: Die Frau ist nicht mehr die unabhängige Geliebte, die selbstständig ihr eigenes Leben führt und der ausschließlich die schönen Stunden gehören. Der Partner ist nicht mehr der Mann, der nur seine Schokoladenseiten zeigt, ausschließlich unbeschwerte Stunden mit dieser Frau verbringt, er ist auch nicht mehr der unfreie Mann. Genau diese Dinge aber sind es häufig, die beide aneinander geschätzt haben, wenn vielleicht auch unbewusst. Diese Umstände machten den Reiz aus und waren der Grund dafür, dass die Beziehung so gut funktionierte. In einer alltäglichen Beziehung zu leben ist eine große Umstellung, die viele Paare nicht bewältigen.

Ähnlich verlief es zum Beispiel mit der Geliebtenbeziehung von Rudi Carrell: Knapp 15 Jahre war Susanne Hoffmann die Geliebte des 25 Jahre älteren, allseits bekannten Showmasters Rudi Carrell *(7 Tage – 7 Köpfe)*. Die beiden arbeiteten sogar zusammen, Susanne Hoffmann war die Geschäftsführerin von Carrells TV-Firma, und all das wusste auch Carrells Ehefrau Anke. Sie tolerierte die Geliebte ihres Mannes. Als Anke im Februar 2000 starb, erschien es nahezu logisch, dass Rudi Carrell seine langjährige Geliebte heiraten würde. Das sagte er selbst auch immer wieder. Herr Carrell hielt Wort mit dem Heiraten, doch zur großen Überraschung vieler war die Braut nicht Susanne Hoffmann, sondern Simone Felischak. Mit ihr trat Carrell in Australien vor den Traualtar. Er hatte die über 35 Jahre jüngere, lebenslustige Frau beim Golfen in Österreich kennen gelernt. Dass er Susanne verließ, begründete der Showmaster damit, dass aus ihrer Beziehung »die Luft raus« gewesen sei (*Bild der Frau,* Ausgabe 33/2002). Vielleicht war das passiert, weil Susanne nicht mehr die Geliebte war, so wie Carrell sie kennen gelernt hatte, und somit auch ihre Beziehung nicht mehr die gleiche war.

Bevor ein falscher Eindruck entsteht, muss gesagt werden, dass die Entscheidung für ein Leben mit der Geliebten auch glücklich ausgehen kann. Doch von vornherein an das Happy End zu glauben, fällt leichter, als sich eine andere mögliche und unschönere Realität vorzustellen. Dr. Monika Thurke fügt noch hinzu: »Wichtig ist, egal wie die Wahl des Partners ausgeht, dass sich die Geliebte nicht als Opfer oder Spielball der Entscheidungen und Verhaltensweisen sieht.« Und sie weist auf die Vorteile der Geliebtenrolle hin: »Die Geliebte kann entsprechend ihren Bedürfnissen ihr Leben gestalten und hat einen Handlungsspielraum, den sie selbstbewusst nutzen sollte! Sie ist oftmals nur in den Augen Außenstehender das abhängige Opfer in der Beziehung. In Wirklichkeit hat aber auch sie die Fäden in der Hand und kann eigenverantwortliche Entscheidungen treffen.«

Diese Freiheit im Denken und Handeln sollte sich eine Geliebte immer wieder ins Gedächtnis rufen und nutzen. Schnell wird dann auch deutlich, dass ihr eine weitere Möglichkeit offen steht.

Die Geliebte nagt verzweifelt auf ihrer Unterlippe herum, greift zur Schokolade, schaltet den Videorecorder ein und redet sich ihr Leben schön. Auf Dauer ist das der falsche Weg, der gewiss nicht zur Zufriedenheit führen wird. Denn der Wunsch, die Probleme in der Beziehung zu klären oder auch nur ein Mal darüber ein richtiges Gespräch mit dem Partner zu führen, bleibt bestehen. Also geht die Geliebte weiter schwanger mit dem Vorhaben, die Entscheidungsfrage in Angriff zu nehmen. Dieses Abwarten ist tückisch. Manchmal vergehen wieder zwei, drei schöne Wochen, ohne dass man einen Rückfall in die Krisenstimmung erlebt, doch von Entspannung und Genuss in der Beziehung kann in einem solchen Fall nicht mehr die Rede sein.

Bevor Sie nach Antworten suchen oder sie mit Ihrem Partner besprechen, ist es wichtig, sich zunächst der eigenen Gefühle bewusst zu werden. Schließlich ist es Ihr Leben, es geht in erster Linie um Sie, um Ihre Zukunft und Ihre Zufriedenheit. So sollten Sie also zunächst klären, was Sie möchten, was Sie sich erhoffen, wie Sie sich Ihre Zukunft vorstellen und ob Ihre Wünsche mit den Interessen Ihres Partners übereinstimmen.

Den Partner mit einer Entscheidung zu konfrontieren oder mit ihm Gespräche zu führen, um zu einer Klärung zu kommen, ist leichter gesagt als getan. Häufig wird der bevorstehende Dialog vor dem Spiegel einstudiert, Freundinnen werden befragt, Argumente auswendig gelernt und wieder verworfen, dann wird wieder geprobt, gezweifelt und überlegt: Was soll ich genau sagen? Wie soll ich es sagen? Und wann soll ich es sagen?

Die Klärung der entscheidenden Frage hängt von der jeweiligen Situation sowie den individuellen Gefühlen ab. So kommt es beispielsweise auf die Dauer der Beziehung, die Entfernung zwischen den Wohnorten, die Familienkonstellation des Geliebten an. Bei der Wahl der Worte rät Psychologin Dr. Monika Thurke: »Es ist gut, wenn die Geliebte klar und deutlich ihren Wunsch formuliert und nicht um den heißen Brei herumredet.« Sinnvoll sind Ich-Botschaften, die man in Sätze verpackt wie zum Beispiel:

»Ich würde gerne mit dir …«
»Ich denke, wir sollten …«
»Ich fände es gut, wenn …«

Damit verdeutlicht die Geliebte ihren persönlichen Standpunkt und gibt ihrem Partner die Chance, selbst darüber nachzudenken und im gemeinsamen Gespräch zu diskutieren. Auf keinen Fall sollte die Geliebte ihre eigenen Gedanken, Gefühle und Wünsche hinter Sätzen verstecken wie: »Meine Mutter meint …« oder etwa »Meine Freundin hat mir geraten …«. Damit erweckt die Geliebte bei ihrem Partner nur den Eindruck; alle wüssten über ihre Gefühle und Gedanken Bescheid, nur er nicht. Und was sie selbst wolle, wisse sie auch nicht.

Wenn Sie also eine der zwei folgenden Entscheidungsvarianten wählen, sollten Sie sich vorher darüber klar geworden sein, was Sie wirklich wollen.

1. Variante: Die Geliebte beendet die Beziehung

Die Geliebte beschließt, dass sie ihre Beziehung beenden möchte und versucht, einen Schlussstrich zu ziehen. Nun aber Knall und Fall ein neues Glück in der Liebe zu erwarten wäre zu viel verlangt. Sicher kann morgen schon ein neuer Traummann in ihrem Leben auftauchen, doch wie jeder weiß, gibt es kaum Liebe auf Bestellung. So kann es sein, dass sich in Sachen Männer erst einmal nichts tut. Zudem hält das Gefühl von Unabhängigkeit und Freiheit bei einem Single oftmals nur eine bestimmte Zeit lang an, dann stellen sich Einsamkeit und Zweifel ein: Hätte es mit ihm nicht doch irgendwie funktionieren können? Vielleicht wäre es besser gewesen, noch ein wenig zu warten? Vielleicht wäre alles wieder schön geworden? War das nun der richtige Schritt?

»Das hängt ganz von der individuellen Situation ab. Wenn die Geliebte im Vorfeld spürte, dass sie mit dieser Lebensform nicht glücklich werden kann, ist dies die richtige Entscheidung für sie«, sagt die Psychologin Monika Thurke. »Denn Ungewissheit und trügerische Hoffnungen sind psychische Belastungen, die über längere Zeit gravierender sind als eine Trennung mit dem Schmerz, der Wut und Trauer über den Verlust.«

Apropos psychische Belastung: Mit dem Schlussstrich und einem »Punkt. Ende. Aus.« ist es für die Geliebte in der Regel nicht getan. Vielmehr gilt es, die Geschehnisse auch nach der Trennung zu hinterfragen und nach den Gründen für die Verzweiflung in der Beziehung zu suchen. Folgende Fragen sollten hierbei geklärt werden: Warum fühlte ich mich mit dem Status der Geliebten nicht wohl? Will ich mehr von einem Mann? Was für eine Beziehung wünsche ich mir in Zukunft? Warum bin ich eigentlich Geliebte geworden? Was kann ich beim nächsten Mal anders machen, vielleicht sogar besser? Ein paar Denkanstöße hierzu gibt der Geliebtentest auf Seite 60 ff.

2. Variante: Die Geliebte belässt fast alles beim Alten

Die Geliebte besinnt sich auf die Vorteile ihrer Rolle. Sie hat einen Mann, der sie begehrt, was etliche andere Frauen nicht von sich behaupten können. Sie führt ihr eigenes, unabhängiges Leben – für eine Mutter mit drei Kindern der absolute Traum. Sie kann zu jeder Zeit gehen und das, ohne gelogen und betrogen zu haben und ohne sich mit Schuldgefühlen plagen zu müssen. Sie ist diejenige, die ihr Leben lebt und sich nicht verstecken muss. Also führt die Geliebte ein Leben, um das sie viele beneiden. Das erkennt die Geliebte, und sie merkt auch, dass sie es ist, die den Schalthebel bedient. Und warum sollte man etwas aufs Spiel setzen, was viele Vorteile birgt und wovon mindestens zwei Menschen profitieren, in den meisten Fällen sogar mehr? Denn wie bereits erwähnt wurde, hat auch die Ehefrau ihren Nutzen von der Beziehung, ohne dass ihr dies bewusst sein muss. Sicher, eine Ewigkeitsgarantie für ihre Beziehung hat die Geliebte nicht, doch wie wir wissen, gilt dies für jede Beziehung.

Die Geliebte überprüft also die Gefühle, die sie in ihrer jetzigen Situation empfindet, und hinterfragt, inwiefern diese mit dem, was sie vom Leben erwartet, übereinstimmen, mit ihren Träumen und Zielen. Schließlich gehört es zu einer gesunden Beziehung, die eigenen Bedürfnisse ebenso wie die Bedürfnisse des Partners befriedigt zu wissen.

Lassen Sie all Ihre Gedanken zu, und versuchen Sie nicht, sie zu verdrängen. Haben Sie keine Scheu davor, ehrlich und offen mit Ihrem Partner über Ihre Gefühle, Zweifel und Hoffnungen zu sprechen. Wenn man dem Partner die oftmals verzwickten Gedankenwege mit allem Wenn und Aber mitteilt, dann ist das doch ein Zeichen von Vertrauen und Verbundenheit. Dann erst ist es möglich, statt in einsamer Schönrederei und tafelweise Frustschokolade zu versinken, gemeinsam Antworten auf Fragen zu suchen und darüber nachzudenken. Spaß am Herumspinnen ist übrigens erlaubt und schweißt auch zusammen.

Leben und lieben Sie offensiv und genießen Sie Ihre Freiheit! Diese bewusste Entscheidung für ein Leben als Geliebte ist zugleich auch eine gute Grundlage für ein positives Selbstwertgefühl.

Zu dieser Entscheidungsvariante sagt Monika Thurke: »Diese Offenheit ist wirklich wünschenswert. Denn eine grundlegende Voraussetzung für eine gelingende Beziehung ist, dass sich die Partner verständigen und verstehen. Wenn sie sich frei füreinander entscheiden und dies immer wieder aufs Neue, ist es der Idealfall.«

Und damit sollte jeder Tag ein Tag der Entscheidung sein, mit einer bewusst getroffenen Antwort auf die Entweder-Oder-Frage. Mit einem Ja zum Lieben und Leben als Geliebte und zu dem, was sie daran hat und mag. Warum sollte sie es sich komplizierter machen als nötig? Das Einfache liegt doch manchmal so nah.

Gespräche mit der Ehefrau

Viele Geliebte zerbrechen sich den Kopf darüber, wie sie sich verhalten sollen und was sie erzählen können oder dürfen, wenn die Ehefrau ein Gespräch mit ihnen anstrebt und Fragen über die Beziehung zu ihrem Mann stellt. Die Unsicherheit bei einem Gespräch mit »seiner anderen« ist durchaus verständlich; die Ausgangssituation wie auch der Verlauf und das Ende der Unterredung sind offen: Die Geliebte weiß nicht, worauf sie sich einstellen soll. Was wird die Ehefrau wissen wollen? Wie wird sie mir gegenübertreten? Wird sie mir Vorwürfe machen? Welche Emotionen werden das Gespräch bestimmen? Will sie mich treffen, um mich fertig zu machen oder um tatsächlich ein sachliches, aufschlussreiches Gespräch zu führen? Muss ich überhaupt mit seiner Frau reden?

Es ist ratsam, zunächst wichtige Fragen zu klären, die in erster Linie die Geliebte betreffen und die den Verlauf des Gesprächs bestimmen. Bevor Sie also beginnen, Ihre Geschichte zu erzählen oder alles über Ihre Beziehung zu berichten, versuchen Sie zu erfahren, was und wie viel die Ehefrau schon über Sie und Ihre Partnerschaft weiß.

Wichtig ist es auch zu erfahren, durch wen die Ehefrau von der Geliebten erfahren hat: Hat ihr der Mann selbst von seiner außerehelichen Beziehung erzählt?

Hat sie durch andere davon erfahren beziehungsweise es selbst herausgefunden?

Wenn Sie die Antworten auf diese Fragen bekommen haben, können Sie auch den Gemütszustand der Ehefrau besser einschätzen. Dass ein Gespräch mit der anderen in der Regel nicht angenehm ist, steht außer Frage. Viele Emotionen wie Wut, Aggressionen, aber auch Entsetzen oder Fassungslosigkeit, Traurigkeit und Enttäuschung können bei einem Treffen zwischen der Geliebten und der Ehefrau auftreten. Darüber hinaus ist es den meisten Menschen unangenehm, mit einer mehr oder weniger fremden Person über das eigene Privatleben zu sprechen.

Die Ehefrau hat durch Freunde von der Geliebten erfahren oder es selbst herausgefunden

Besonders bei einer Begegnung, bei der die Geliebte die erste Gesprächspartnerin ist, die der Ehefrau über die Beziehung zu ihrem Mann berichten soll, herrschen starke Emotionen vor. Nichtsdestotrotz sollte die Geliebte versuchen, Ruhe zu bewahren. Sie sollte der Ehefrau deutlich machen, dass es ihr Mann ist, der ihr zunächst wohl alles am besten erklären kann und auch sollte. Damit drückt sich die Geliebte nicht etwa vor einer Stellungnahme, vielmehr lässt sie dem Partner die Chance, seiner Frau die Situation aus seiner Sicht zu schildern. Und das ist der Mann seiner Frau schuldig. Denn die Ehefrau wird das Gespräch mit der Geliebten suchen, um etwas über ihren Ehemann zu erfahren und natürlich auch darüber, wie es um ihre eigene Beziehung zu ihm steht – liebt er sie noch, wie sehr liebt er seine Geliebte, wie ernst ist es ihm mit ihr, wie oft haben sie sich gesehen usw. Auch das sind Fragen, die der Ehemann beantworten muss.

Natürlich kann es passieren, dass der Geliebten gar nicht erst die Möglichkeit gegeben wird, etwas zu sagen, sondern sie gleich von der Ehefrau aufs Übelste beschimpft wird. Auch wenn es schwierig erscheint, liegt in diesem Fall in der Ruhe die Kraft. Die Geliebte sollte ihrem Gegenüber dann kurz und knapp vor Augen führen, dass nicht sie, die Geliebte, etwas Unrechtes getan hat. Sie hat kein Eheversprechen gebrochen, sie hat niemanden betrogen. Sie hat den Mann zu nichts gezwungen, zu nichts überredet. Stellt seine Frau sich trotz allem auf stur und wird vielleicht sogar handgreiflich, ist es für die Geliebte ratsam, die Tür gleich wieder zu schließen oder im schlimmsten Fall die Nachbarn um Hilfe zu bitten. Damit entgeht die Geliebte einem möglichen Handgemenge, und die Nachbarn können später bezeugen, dass die Ehefrau den Streit angezettelt hat (siehe auch das Kapitel »Die Rechte der Geliebten« ab Seite 218).

Die Ehefrau hat durch den Partner von der Geliebten erfahren

Wenn der Partner seiner Frau bereits alles über seine Geliebtenbeziehung berichtet hat, ist davon auszugehen, dass die beiden ein intensives Gespräch geführt haben, bei dem die Ehefrau Fragen gestellt und Antworten bekommen hat. Meldet sie sich dann bei der Geliebten und bittet sie um eine Unterredung, steht es der Geliebten frei zu entscheiden, ob sie dazu bereit ist. Gruselt es ihr allein schon bei dem Gedanken an eine Unterredung, sollte die Geliebte der Ehefrau sagen, dass sie kein Gespräch mit ihr führen möchte. Sie braucht deswegen kein schlechtes Gewissen zu haben, denn schließlich ist sie der Ehefrau keine Rechenschaft schuldig.

Allerdings kann ein Gespräch auch für die Geliebte hilfreich und interessant sein. Es klärt vielleicht bislang unbeantwortete Fragen, die sich die Geliebte gestellt hat – zum Beispiel, ob sie die erste Geliebte des Mannes ist und ob die Ehefrau denn nie etwas gemerkt hat.

Treffen mit der Ehefrau

Willigt die Geliebte in ein Treffen ein, sollte es am besten auf neutralem und öffentlichem Terrain stattfinden – zum Beispiel in einem Café, einem Park oder einem Restaurant. Denn die Revieraufteilung der Frauen sollte weiterhin bestehen bleiben. Zum einen sollte die Geliebte ihre Individualität bewahren und sich von einem Leben abgrenzen, das sie nicht wirklich betrifft. Das Gleiche gilt für die Ehefrau, die ebenfalls ein eigenes Leben führt, das sie sich bewahren sollte, und die es nichts angeht, wie die Geliebte lebt. Diese Trennung zwischen »meine Welt« und »deine Welt« sollte die Geliebte auch zu ihrem eigenen Schutz vornehmen.

Aus diesem Grund sollte sie auch keine Fragen zu vorangegangenen Beziehungen beantworten oder bis ins Details über Intimitäten reden. Auch wenn die Ehefrau behauptet, es sei ihr gutes Recht, über alles Bescheid zu wissen, ist es doch das Recht der Geliebten, Privates für sich zu behalten. Die Geliebte sollte der Ehefrau verdeutlichen, dass sie sich nicht schuldig fühlt und daher in keiner Bringschuld steht. Zwar ist zu hoffen, dass sich die erste Wut, Enttäuschung und Verzweiflung bei der Ehefrau durch das Gespräch mit ihrem Mann und die Klärung einiger Fragen bereits gelegt hat, trotzdem sind Gefühle kaum kontrollierbar. Auch darum ist als Treffpunkt ein öffentlicher Platz am besten geeignet, denn in der Öffentlichkeit ist man geneigt, sich zu kontrollieren und die Gefühle nicht überkochen zu lassen. Die Chance auf ein ruhigeres und weniger emotionsgeladenes Gespräch ist damit gegeben.

Die Rechte der Geliebten

Sie ist die Frau im Schatten, von der viele nicht wissen dürfen, dass es sie gibt. Etliche Geliebte sind in einigen Situationen zwangsläufig auf sich allein gestellt, deshalb sollten sie über ihre Rechte Bescheid wissen. Denn obgleich sie als zweite Geige bezeichnet und von der Gesellschaft vielfach ins Abseits gedrängt werden, Geliebte sollten sich nicht alles gefallen lassen. Eine, die dafür plädiert, ist die Berlinerin Esther Caspary. Die 38-Jährige ist Fachanwältin für Familienrecht in der Sozietät Betz, Görg, Rakete-Dombek, Rotter, Baumgart und stellt fest: »Auch wenn der Trauschein fehlt, hat der Partner gewisse Pflichten gegenüber der Geliebten.«

Und über diese sollte eine Geliebte informiert sein.

Wenn die Geliebte ein Kind von ihrem Partner bekommt

Die Situation

Für viele Geliebte ist es ein Traum, für andere eher ein Albtraum. Denn wenn die Geliebte ein Kind von ihrem Partner erwartet, entscheidet sich oftmals, auf welcher Grundlage die Beziehung basiert: nur auf Sex und Spaß oder doch auch auf Zuneigung und Verständnis? Auf jeden Fall ist ein Kind unterwegs, und es gibt eine

Mutter und einen Vater. Leider aber distanzieren sich viele Partner, wenn ihre Geliebte schwanger ist. Ob ihnen nun die ganze Angelegenheit zu verpflichtend wird, sie schon Kinder zu Hause haben oder sie die Geliebte nur als aufregende, unabhängige Frau statt als Mutter sehen wollen, Fakt ist, zurück bleibt die Geliebte mit einem Kind und vielen offenen Fragen: Kann sich der Vater einfach so vor der Verantwortung drücken? Wie sieht es mit Unterhaltszahlungen aus? Und was ist, wenn der Partner als Vater des Kindes seinen Nachwuchs sehen möchte?

Die Rechtslage

Anwältin Esther Caspary: Wenn der Partner sich nicht zu dem Kind bekennen mag, kann ihn die Geliebte vor dem Familiengericht auf Feststellung der Vaterschaft verklagen. Wird der Partner dann als Vater festgestellt, muss er Unterhalt für das Kind und gegebenenfalls auch für die Mutter zahlen, und dies rückwirkend ab dem Zeitpunkt der Geburt. Zahlt der Vater nicht freiwillig, kann die Mutter ihn auf Unterhalt vor dem Familiengericht verklagen. Die Höhe des Unterhalts für das Kind richtet sich nach dem Einkommen des Vaters und dem Alter des Kindes wie durch die so genannte Düsseldorfer Tabelle vorgegeben. Danach muss zum Beispiel ein Mann mit einem monatlichen Nettoeinkommen von 2300 bis 2500 Euro für ein Kind im Alter von null bis fünf Jahren monatlich 267 Euro Unterhalt zahlen. In unserem

Fall aber, wenn es um den Unterhaltsanspruch eines Kindes geht, das der betreffende Mann mit einer Geliebten hat, berechnet sich das Ganze ein wenig anders – denn die Düsseldorfer Tabelle geht von drei Unterhaltsberechtigten, also der Ehefrau und zwei Kindern, aus, in diesem Fall bestehen aber nur Ansprüche von zwei Personen, nämlich der Geliebten und des Kindes. Dadurch ist der Unterhaltsanspruch des Kindes höher. Es erfolgt die Hochstufung um eine Gruppe, was eine Unterhaltszahlung von 282 Euro ausmachen würde. Hiervon wird die Hälfte des Kindergeldes, das dem Vater zusteht, abgezogen, also 77 Euro, so dass der Vater im Ergebnis dann 205 Euro monatlich zu zahlen hat.

Unterhalt ist so lange zu zahlen, bis das Kind eine Ausbildung oder ein Studium abgeschlossen hat, in Sonderfällen auch länger, beispielsweise wenn das Kind behindert oder krank sein sollte. Die Höhe des Unterhalts für die Mutter richtet sich nach ihrer Lebensstellung vor der Geburt des Kindes: Hat sie zum Beispiel vor der Geburt gearbeitet, bestimmt ihr zuletzt erzieltes Nettoeinkommen die Höhe ihres Unterhaltsbedarfs. Der Vater muss aber niemals mehr als die Hälfte seines Einkommens für den Unterhalt der Mutter einsetzen. Sollte die Mutter nicht gearbeitet haben oder sollte ihr Unterhaltsbedarf aus anderen Gründen nicht feststellbar sein, stehen ihr mindestens 730 Euro monatlich zu. Der Unterhaltsanspruch der Mutter eines nichtehelichen Kindes ist jedoch in der Regel auf drei Jahre ab der Geburt des Kindes befristet. In Ausnahmefällen kann eine Verlängerung in Betracht kommen, beispielsweise bei mehreren Kindern oder bei Erkrankung oder Behinderung des Kindes oder der Mutter.

Was den Umgang mit dem Kind betrifft, so haben auch Väter eines nichtehelichen Kindes ein Recht darauf. Eheliche und nichteheliche Kinder beziehungsweise deren Väter sind insoweit vollkommen gleichgestellt. Ist die Mutter nicht bereit, dem Vater Umgang zu gewähren, kann er sein Umgangsrecht vor dem Familiengericht einklagen. Grundsätzlich gilt dabei: Je jünger das Kind, desto häufigere und kürzere Umgangszeiten, je älter das Kind, desto längere, dafür aber seltenere Umgangszeiten. Sehr verbreitet ist, vorausgesetzt das Kind ist alt genug, die folgende Regelung: alle 14 Tage von Freitagnachmittag oder -abend bis Sonntagabend; Ferienzeiten geteilt; jeweils die zweiten Feiertage (Weihnachten, Ostern, Pfingsten) beim Vater.

Wenn die eifersüchtige Ehefrau zuschlägt

Die Situation

Sie ist wütend, sie ist enttäuscht, sie ist verzweifelt, und in dieser Gefühlslage werden einige Menschen manchmal unberechenbar. So soll es schon vorgekommen sein, dass eine Ehefrau der Geliebten aufgelauert hat und dieser gegenüber handgreiflich wurde. Die Geliebte sollte sich derartige Übergriffe nicht gefallen lassen. Denn schließlich hat sie die Ehefrau nicht hintergangen. Auch in dieser Situation sollte sich die Geliebte auf ihre Rechte besinnen.

Die Rechtslage

Anwältin Esther Caspary: Die Ehefrau macht sich wegen Körperverletzung strafbar und muss mit einer Freiheitsstrafe von bis zu fünf Jahren oder einer Geldstrafe rechnen. Sofern sie eine Ersttäterin ist, wird es auf eine Geldstrafe, allenfalls auf eine kurze Freiheitsstrafe auf Bewährung hinauslaufen. Dies gilt nur, sofern das Verfahren nicht wegen Geringfügigkeit beziehungsweise fehlendem öffentlichem Interesse gegen Zahlung einer Geldauflage eingestellt wird. Das Strafmaß hängt unter anderem entscheidend von den Tatfolgen, also Ausmaß und Folgen der Körperverletzung ab. Auf verminderte Schuldfähigkeit wird sich die Ehefrau in der Regel nicht berufen können, schon gar nicht, wenn sie der Geliebten auflauert, also geplant handelt.

Wenn die Ehefrau das Lästern nicht lassen kann

Die Situation

Morgens, halb zehn im Büro: Die Geliebte sitzt an ihrem Schreibtisch, als plötzlich die Ehefrau des Partners auftaucht. Sie macht der Geliebten eine Szene, bei der heftige Beschimpfungen fallen und nach der natürlich alle Kollegen über das Privatleben der Geliebten Bescheid wissen. Und damit nicht genug: Die Ehefrau lästert öffentlich im Supermarkt und ruiniert damit den Ruf der Geliebten. Auch böse Worte, nahezu verbale Gewalt, sollte die Geliebte nicht auf sich beruhen lassen. Es gibt auch für diesen Fall Gesetze, und diese sollte die Geliebte nutzen.

Die Rechtslage

Anwältin Esther Caspary: Die Geliebte kann die Ehefrau wegen Beleidigung, übler Nachrede oder Verleumdung anzeigen. Derartige Verfahren werden meist wegen Geringfügigkeit beziehungsweise wegen fehlendem öffentlichem Interesse gegen Zahlung einer Geldauflage eingestellt. Allenfalls droht eine Geldstrafe. Die Geliebte kann außerdem die Ehefrau zivilrechtlich auf Unterlassung, Widerruf und/oder unter Umständen auch auf Schadensersatz verklagen, da Beleidigungen einen Eingriff in das Persönlichkeitsrecht darstellen.

Wenn der Partner im Krankenhaus liegt

Die Situation

Vielleicht geschieht es infolge eines Verkehrsunfalls, vielleicht auch im Zusammenhang mit einem Routineeingriff, auf den sich die Betroffenen gedanklich vorbereiten konnten – auf jeden Fall liegt der Partner im Krankenhaus, und die Geliebte macht sich verständlicherweise Sorgen. Sie will ihn besuchen. Doch wie ist das eigentlich: Dürfen die Ärzte die Geliebte über den Zustand des Partners informieren? Darf sie ihn besuchen?

Die Rechtslage

Anwältin Esther Caspary: Wenn der Partner den Besuch der Geliebten wünscht, gibt es kein Problem. Sofern der Partner die Ärzte von der Schweigepflicht entbindet, dürfen diese auch der Geliebten Auskunft über den Zustand des Partners erteilen. Tut der Partner dies jedoch nicht oder ist er dazu aufgrund seines Zustands nicht in der Lage, dürfen die Ärzte die Geliebte über das Befinden des Partners nicht informieren. Das gilt allerdings, entgegen einer weit verbreiteten Ansicht, genauso für die Ehefrau.

Wenn der Partner stirbt

Die Situation

Die Überlegung ist rein hypothetisch, doch bekanntlich läuft das Leben nicht nach Plan, und so kann es geschehen, dass der Partner stirbt. Vielleicht war er auch schon länger schwer krank und wusste, dass er nicht mehr lange leben wird.

Wie sieht die Rechtslage aus, wenn der Partner die Geliebte in seinem Testament bedacht hat? Welche Rechte hat die Geliebte, wenn sie ein Kind mit dem Partner hat?

Die Rechtslage

Anwältin Esther Caspary: Die Geliebte zählt nicht zu den gesetzlichen Erben und hat folglich auch keinen Pflichtteilsanspruch. Nach neuerer Rechtsprechung wird es aber nicht mehr von vornherein als sittenwidrig angesehen, die Geliebte testamentarisch zu bedenken. Es kommt letztlich auf den Einzelfall an. Sittenwidrig soll das so genannte Geliebtentestament nach wie vor sein, wenn die Hergabe ausschließlich für die Hingabe erfolgt ist, der außereheliche Geschlechtsverkehr also ausschließlich gewährt wurde, um eine Belohnung in Form des Erbes zu erhalten, außerdem dann, wenn in dem Testament eine familienfeindliche Gesinnung zum Ausdruck kommt oder wenn durch das Testament nahe Angehörige unangemessen benachteiligt werden. Die Geliebte kann maximal das bekommen, was nach Abzug der Pflichtteile übrig bleibt. Ihr Kind ist jedoch ebenso wie eheliche Kinder gesetzlicher Erbe. Damit steht ihm im Fall der Enterbung zumindest der Pflichtteil zu.

Die erste Begegnung mit Tom in der Küche liegt nun fast zwei Jahre zurück. Manchmal kann ich das selbst kaum glauben. Hätte meine Freundin Juliane mir das damals gesagt – ich hätte ungläubig den Kopf geschüttelt. Aber es ist so: Ich bin seit zwei Jahren eine Geliebte und lebe (m)ein glückliches Leben.

Juliane hat schon lange aufgehört, mich mit den anfänglichen Warum-, Weshalb-, Wieso-Fragen zu nerven. Stattdessen gehört Tom mittlerweile auch zu ihrem Leben. Die beiden haben sich sogar schon einmal kennen gelernt – bei Julianes Geburtstagsparty, auf der ich Tom den anderen Gästen als einen guten Freund vorstellte. Juliane wusste natürlich Bescheid, und es war ein schöner Abend. Die beiden verstehen sich, und das zeigt mir umso deutlicher, dass ich mich für den richtigen Mann entschieden habe.

Meine Jobkollegen denken übrigens, dass ich eine Fernbeziehung führe. Mit irgendeinem unspannenden Typen, der nie im Büro anruft, mich nie abholt, mir keine Blumen schickt und es wahrscheinlich daher sowieso nicht ernst meint. Sollen sie es weiter glauben, so fragen sie wenigstens nicht. Dafür aber staunten sie nicht schlecht, als mich vor einigen Wochen unser Chef in sein Büro rief und mir ein eigenes größeres Projekt anvertraute. Er lobte meinen Arbeitseinsatz, meine Kreativität und Teamfähigkeit und betonte, dass er sich auf mich verlassen könne. Das wolle er honorieren und übergab mir die Verantwortung für die optische Gestaltung einer Werbekampagne für einen größeren Sportartikelhersteller. Ich konnte es gar nicht glauben. Sicher, ich arbeite viel und bin zuverlässig, doch damit hatte ich nicht gerechnet. Zur Feier des Tages lud ich Tom zu unserem Italiener ein. Er erzählte seiner Frau etwas von notwendigen Überstunden, und wir hatten einen schönen Abend. Darüber war ich sehr glücklich, denn insgeheim weiß ich, dass ich meinen Erfolg auch Tom zu verdanken habe. Seit ich seine Geliebte bin, fühle ich mich ausgeglichen und zufrieden. Ich werde als Frau begehrt, und das von einem Mann, den ich begehre. Er engt mich nicht ein und setzt mich nicht unter Druck. Ich habe Zeit für meine Freunde, für meine Hobbys und für mich. Ich habe die Möglichkeit, immer wieder Ruhe zu finden und mit mir ins Reine zu kommen. Daraus ziehe ich Kraft und kann mich jeden Tag aufs Neue auf den Job konzentrieren. Meinen Lebensstil dann mit einer Beförderung bestätigt zu bekommen ist toll. Zumal sich das natürlich auch durch ein paar Euro mehr im Monat bemerkbar macht.

Ach, und noch etwas ist passiert: Ich habe endlich eine neue Wohnung. Irgendwie habe ich wohl ganz verschwiegen, dass ich eine suchte. Aber es war auch zu frustrierend. Ein Jahr habe ich die Zeitungen studiert, angekreuzt, angerufen, angeschaut – meist mit mindestens 30 anderen Bewerbern – und doch andauernd Absagen bekommen. Jetzt, wo ich ein wenig mehr verdiene, kann ich auch eine höhere Miete zahlen und mich von einigen Mitbewerbern abheben. Kurzum: Es hat geklappt, und ich wohne nun in einer gemütlichen 70-Quadratmeter-Wohnung. Drei Zimmer, eine Ess-Küche plus Balkon und Badewanne. So wie ich es mir immer gewünscht hatte. Ich habe also keinen Grund zu klagen.

Umso mehr schmunzelte ich, als mich Tom neulich doch mal wieder fragte: »Muss ich mich eigentlich entscheiden?« Das heißt, er formulierte es ein wenig anders: »Möchtest du, dass ich mich entscheide?« Darauf habe ich einfach nur gesagt: »Wenn du dich entscheiden möchtest, dann tu es. Aber bitte nicht mir zuliebe.« Damit war das Thema vom Tisch. Trotzdem sind dies Momente, über die ich gerne später noch einmal nachdenke, um mir meiner Situation bewusst zu werden. Ich weiß es zu schätzen, dass ich auch einmal alleine vor dem Fernseher sitzen und die Beine hochlegen kann. Dass ich abends auch einmal mit meinen Freundinnen ausgehen und spät wiederkommen kann und mich trotzdem keiner morgens mit Fragen löchert. Dass ich im Büro meine Überstunden machen kann, ohne mich dafür mit einem schlechten Gewissen bei einem anderen entschuldigen zu müssen. Es ist gut so.

Einzig und allein meine Eltern nerven mich manchmal ein wenig. Sie wollen es nach wie vor nicht glauben, geschweige denn akzeptieren, dass ich mit Tom glücklich bin. Das finde ich sehr schade, denn das macht es schwierig, Tom einmal mit zu ihnen zu nehmen. Meine Eltern möchten das nicht. Erst wenn er sich entschieden habe, für mich, dann könne er gerne mitkommen, sagen meine Eltern und fangen spätestens in diesem Stadium der Diskussion mit ihren Fragen an. Vor allem geht es dann um Enkelkinder. Wenn ich sage, dass ich doch erst 35 bin und durchaus noch Zeit habe, flippt meine Mutter fast aus und hält mir Predigten über Risikoschwangerschaften. Mein Vater ist da schon gelassener. Er sagt, ich müsse selbst wissen, was für mich gut ist. Da wolle er sich nicht einmischen, und auch was Tom angeht, nichts weiter darüber wissen. Worüber sie aber doch mächtig stolz waren, ist die Jobbeförderung. Ich glaube, da haben sie gemerkt, dass ich auf dem richtigen Weg bin. So hoffe und wünsche ich mir, dass sie meine Beziehung mit Tom irgendwann akzeptieren können. Denn derzeit möchte ich nichts an meiner Lebenssituation ändern.

Ich bin mit Tom zusammen und froh darüber. Ich bin seine Geliebte und möchte als solche mit Tom meine Zeit verbringen. Ich möchte mit ihm Sex haben, mit ihm lachen und auch weinen (zum Beispiel als meine geliebte Katze She starb), mit ihm reden, schweigen, essen, trinken – eben ein Liebesleben führen, mit allem, was dazugehört.

Kinder? Ja, sicher hätte ich auch gerne ein Kind von Tom. Aber genauso ehrlich, wie ich das zugebe, muss ich sagen: Ich will keine allein erziehende Mutter sein. Und das wäre ich wohl wahrscheinlich. Was übrigens nicht heißen soll, dass ich allein Erziehende ablehne. Das Gegenteil ist der Fall. Ich bewundere alle allein Erziehenden, wie sie Job, Kind und Haushalt unter einen Hut bekommen. Ich denke, das könnte ich nicht, und ich möchte es auch nicht – vielleicht auch *noch* nicht.

Ja, was soll ich also noch sagen? Ich bin glücklich, eigentlich ist das das Wichtigste. Doch stopp: Zwei Dinge liegen mir noch am Herzen. Ich würde mir wünschen, dass ich mein Glück öfter mit anderen teilen könnte. Nicht nur mit Juliane, sondern auch mit der Weinverkäuferin, mit der Bedienung in der Parfümerie oder einfach mit dem Sitznachbarn im Bus. Ich möchte nicht hören, dass sich mein Ehemann bestimmt über die neue Bodylotion freuen wird, und nur nicken können. Ich will sagen, dass ich Geliebte bin und dass es gut so ist. Ich möchte auch nicht in irgendeiner Zeitung irgendeinen Bericht über eine Frau lesen, die als Geliebte geoutet und somit als Ehebrecherin dargestellt wird. Ich will dann sagen können, dass das nicht stimmt. Aber gut, vielleicht werde ich ja irgendwann einmal die Möglichkeit dazu haben.

Das ist das eine, was mir noch am Herzen lag. Das andere betrifft Juliane und ist der Hammer. Juliane hat nämlich endlich wieder einen Freund. Drei Jahre Singledasein haben für sie ein Ende. Und wenn ich jetzt sage, dass es da in ihrer Beziehung Parallelen zu meiner gibt, rede ich nicht von einem verheirateten Mann – obgleich ich fast nur dazu raten kann. Aber das wäre nichts für Juliane. Sie ist schon etwas konservativer, braucht die Sicherheit und das Wissen »I'm the one and only«. Nein, die Parallele ist: Ihr Freund, Sven, ist ebenfalls ein Jobkollege von ihr. Die beiden arbeiten jetzt seit vier Monaten zusammen, und es funkte schon in der ersten Woche. So ist Juliane glücklich – zu zweit. Ich bin es halt zu fünft, und das, weil drei von allem nichts wissen. Irgendwie ist es schon komisch, aber es ist auch verdammt schön.

Testauswertung: Welcher Geliebtentyp sind Sie?

0 bis 22 Punkte

Die Lebenshungrige

Sie sind rundum glücklich: Sie haben einen Mann, Sie haben Sex und sind dabei noch völlig unabhängig. Dass dieser Mann nicht Ihr eigener ist, spielt dabei keine Rolle. Denn als Geliebte denken Sie nicht an die Konsequenzen. Vielmehr denken Sie ganz praktisch: Keine Verpflichtungen, keine Versprechungen und keine großen Geheimnisse voreinander. Sie lieben es eher unkompliziert im Leben wie auch beim Lieben. Dieses Lieben ist Ihr Lebenselixier, denn Sie sind lebenshungrig, auch romantisch – darum verlieben Sie sich öfter, und jedes Mal wunderbar intensiv!

Sie machen sich nicht unnötig Gedanken, da Sie wissen, dass nicht Sie, sondern Ihr Geliebter für seine Familie verantwortlich ist. Da Sie mit der Situation so gut zurechtkommen, tragen Sie sicher auch kein Leid in die Familie, da Sie nicht von ihm erwarten, dass er sich ganz für Sie entscheidet.

23 bis 45 Punkte

Die Scheue

Der Mann Ihres Herzens ist gebunden – kann es sein, dass das kein Zufall ist? Denn eine feste Bindung würde bedeuten, sich ganz auf jemanden einzulassen und ihn in Ihr intimstes Innenleben hereinzulassen – doch davor haben Sie Angst. Sex ist okay, doch mehr möchten Sie eigentlich nicht von sich zeigen. Denn Verletzungen der Seele sind das Schlimmste, was Ihnen passieren könnte: Und so machen Sie sich viele Gedanken, taxieren die Menschen und lassen sie, insbesondere Männer, nur sehr langsam an sich heran. Sie haben zwar einen engen Freundeskreis, gehen auch gern und gezielt aus, sind aber wirklich keine Partygängerin. Ihre Schüchternheit und Ihre Bindungsängste sollten Sie in den Griff bekommen: Lassen Sie sich mehr auf Menschen ein, vertrauen Sie Ihnen und erleben Sie im Gegenzug, wie wichtig Sie für diese Menschen werden. Das gibt Selbstvertrauen und Mut für eine Beziehung mit Ihrem Geliebten oder auch einem festen Partner.

46 bis 68 Punkte

Die Romantikerin

Sie haben sich hoffnungslos verliebt – und so ganz aus Versehen ist Ihr Traummann anderweitig gebunden. Es ist eben einfach so passiert. Sie haben sich nicht bewusst dafür entschieden, sind aber jetzt mit Ihrer Situation als Geliebte auch zufrieden. Denn Sie gehören zu den Menschen, die an die große Liebe glauben, die man nur einmal, höchstens zweimal in seinem Leben trifft. Und dann ist ausgerechnet diese Liebe in festen Händen ... Doch Ihre positive Einstellung zum Leben, Ihre Verlässlichkeit und Treue bringen Sie auch in diese Beziehung ein. Sie sind immer eine Liebende und keine klassische Nebenfrau: Denn Sie sind eigentlich monogam, halten gar nichts von Affären und Seitensprüngen und konnten sich bisher nicht vorstellen, sich in einen verheirateten Mann zu verlieben. Aber was immer auch die Zukunft bringt und wie chaotisch Ihre Beziehungen auch sein mögen, sie werden immer hochgradig intensiv und für das Leben Ihres Partners extrem entscheidend sein.

69 bis 90 Punkte

Die Konkurrentin

Sie geraten irgendwie immer wieder an verheiratete Männer – denn unbewusst bekommen Sie Ihren Kick als Geliebte durch die ständige Konkurrenz- und Vergleichssituation mit der Ehefrau Ihres derzeitigen Lovers. Ihr Motto: Ich habe einfach mehr zu bieten als die andere, ich bin »die Bessere« für ihn! Das stärkt Ihr Selbstwertgefühl ungemein – welches grundsätzlich eher schwach ausgeprägt ist. Sie haben von klein auf immer den Vergleich mit anderen gesucht. Ob in der Schule, in der Ausbildung oder heute im Job: Sie brauchen das Gefühl, etwas Besonderes zu sein. Sie verfolgen in Liebesbeziehungen ein festes Ziel: Sie streben den Status einer Ehefrau und Mutter an – die Situation der Konkurrentin ist ein Schritt in diese Richtung. Doch denken Sie daran: Wenn dieser Plan aufgeht, Sie also die Ehefrau sind, haben Sie vielen Menschen sehr wehgetan – und vielleicht wartet auf Sie hinter der nächsten Ecke bereits die nächste konkurrierende Geliebte …

Testauswertung: Warum hat er eine Geliebte?

0 bis 22 Punkte

Der Unersättliche

Ihr Geliebter ist ein offener und kommunikativer Mensch, gleichzeitig aber auch ein sehr empfindsamer Typ – er liebt es, auch mal erobert und begehrt zu werden, meistens ergreift aber er die Initiative. Sein Ideenreichtum und seine Einbildungskraft sind hochgradig ausgeprägt – und leicht zu entfachen. Der richtige Film, die richtige Party, die richtige Partnerin – und schon ist er nicht mehr zu halten. In seinem Leben spielt Sex eine zentrale Rolle, und wenn Sie mal ehrlich sind, braucht er ihn wie die Luft zum Atmen. Seine Phantasie ist dabei grenzenlos – dort erlebt er schwelgerisch die innigsten Situationen, spielt intensive Momente durch. Sinnliche Erlebnisse sind für ihn wie Essen und Trinken: einfach lebensnotwendig. Das macht Ihnen zwar auch viel Spaß, trotzdem ahnen Sie, dass er es auch oft als Bestätigung seiner Potenz, seiner Leistungsfähigkeit und seines guten Aussehens braucht. Deshalb hält er sich auch fit und hat dadurch ein gutes Körpergefühl. Diese Anerkennung braucht er, deshalb schmückt er sich mit sexuellen Eskapaden. Das ist nicht immer angenehm für Sie – und zeigt Ihnen, dass Geliebte eher eine Trophäe für ihn sind, ein Beweis für seine Potenz. Damit gibt er gerne auch schon einmal im Freundeskreis an. Dieser Typ Mann hat immer wieder Geliebte – oft auch parallel. Für ihn gehören Geliebte einfach zum Leben, schon seit seiner Jugend.

23 bis 45 Punkte

Der Abenteurer

Eines ist sicher: Das Leben mit Ihrem Geliebten ist garantiert immer aufregend! Sein Lebensmotto: Chaos mit viel Gefühl.

Er ist ein kleiner, wilder, lieber Charmeur, der noch nicht so recht weiß, wo er genau hingehört. Dieser Typ Mann steckt meist mitten in einer Beziehung, in der er eigentlich auch ganz zufrieden ist – wenn ihm nicht im Supermarkt, in der Bahn oder wo auch immer ausgerechnet diese hübsche Frau über den Weg gelaufen wäre … Hilflos hat er sich auch in sie verguckt. Er genießt die Situation, fühlt sich manchmal aber auch gar nicht wohl in seiner Haut: Er bedient sich dann gern der Vogel-Strauß-Methode – und hofft, dass das Chaos einfach vorbeizieht.

Seine Überlebensdevise: Das Leben und die Liebe sind ein einziges Abenteuer. Also nimmt er erst einmal alles mit, was er bekommen kann. Für Sie eine schwierige Situation, denn meistens ist er ja eher ein rationaler Mensch: Doch dann kommen diese erotischen Augenblicke, in denen er mit allen Sinnen erlebt und fühlt. Plötzlich vergisst er alle Vernunft und den Alltag – er genießt es, begehrenswert zu sein, genießt jede Zärtlichkeit und Berührung. In diesen Momenten lässt er seinen sexuellen Phantasien und Wünschen freien Lauf. Er ist niemals auf der Suche nach diesem Gefühlschaos – aber das Chaos findet ihn garantiert …

46 bis 68 Punkte

Der Frustrierte

Mal ganz ehrlich: Ein wenig Routine und ein wenig Langeweile hat sich schon in Ihre Beziehung eingeschlichen. Könnte es da sein, dass er aus Frust in seiner Partnerschaft eine Geliebte hat? Dann hat er sich diese vermutlich fast gezielt gesucht. Denn er vermisst das sexuelle Kribbeln in der festen Beziehung – die Luft ist raus: Aber das Vertraute ist noch da, und davon will er sich absolut nicht trennen. Darüber ist er im Grunde deprimiert und sucht somit Abwechslung. Vielleicht ist auch im Job alles eingefahren – er will mehr Leben in sein Leben bringen.

Als sinnlich würde man ihn weniger beschreiben, und sexuelle Phantasien erlaubt er sich nur sehr selten. Für ihn sind Erotik und Sex nicht so existenziell, er versteht nicht, warum sich die ganze Welt scheinbar nur mit diesem Thema beschäftigt. Klar hat er manchmal auch Lust auf Berührungen, Nähe und Liebe – aber wenn der richtige Partner nicht vorhanden ist oder die Situation nicht passend erscheint, leidet er nicht unter Entzugserscheinungen. Das macht Ihnen natürlich auch zu schaffen, denn was er nicht gelernt hat, ist das Kämpfen um eine Beziehung, das Arbeiten an sich selbst, um ein zufriedeneres Leben zu führen. Er sucht immer den für ihn einfachsten Weg aus einer Krise – und der kann ihn auch in die Arme einer Geliebten führen, die keine Probleme macht, keine Ansprüche stellt, bei der er sich einfach erholen und wohl fühlen kann.

69 bis 90 Punkte

Der Unentschlossene

Darunter leiden Sie schon, wenn Sie in sich hineinhören: Er liebt sie alle, seine Freundin, seine Frau, seine Geliebte. Er hat so ein großes Herz, voller Liebe – das reicht für mehr als eine Frau. Wenn es dann noch wunderbar läuft, sowohl in seiner festen Beziehung wie auch mit der Geblieben, dann gibt es für ihn keinen Grund, sich entscheiden zu müssen. Selbst wenn die Frau von der Geliebten weiß, selbst wenn die Geliebte leidet und eine oder beide eine Entscheidung von ihm fordern: Er kann sich nicht entscheiden.

Eigentlich ist es widersprüchlich, denn er ist gefestigt in seinem Leben und will im Prinzip niemanden verletzen. Die Beziehung zu seiner Geliebten ist nicht vordergründig durch Sex geprägt, er liebt mit allen Sinnen. Denn für ihn sind Beziehungen zu Menschen das Wichtigste im Leben. Seine Partnerin wie auch seine Geliebte könnten sich eigentlich freuen: Er versteht beide auf einer sehr tiefen Ebene, denn er ist zu intensiver, empathischer Liebe fähig. Aber seine Unfähigkeit, sich zwischen zwei Frauen wirklich zu entscheiden, verletzt die Frauen tief und macht ihn auf Dauer unzufrieden: Grundsätzlich mag er keine Lügereien, keine Geheimnisse und kein Doppelleben. Also sind alle Beteiligten in dieser Menage à trois unglücklich – was meistens zu einer Entscheidung durch eine der Frauen führt. Oft kehrt er dann erleichtert zu seiner alten Beziehung zurück und verspricht, monogam weiterzuleben.

Testauswertung: Wie stehen die Chancen für die Zukunft Ihrer Beziehung?

0 bis 19 Punkte

Analyse

Diese Beziehung ist für Sie der Lebensinhalt, und Sie sehen Ihre Zukunft mit diesem Mann. Für Sie ist er die große Liebe. Denn diese Beziehung ist eine reine »Nähebeziehung«: Sie sehen sich zusammen als Einheit, haben ein Gefühl von Unzertrennlichkeit, wenn Sie zusammen sind. Urlaub allein? Nein danke! Lieber bleiben Sie zu Hause. Denn Sie haben das Gefühl, dass Sie und er eindeutig zusammengehören. Sie verstehen sich gegenseitig auf einer unglaublich tiefen Ebene. Wenn es einmal stressig wird – im Job, finanziell oder in der Erziehung der möglicherweise vorhandenen Kinder –, können Sie sich vorbehaltlos auf Ihren Liebhaber verlassen. Und er gibt Ihnen dieses Vertrauen zurück: Er vertraut Ihnen alles an und verlässt sich bedingungslos auf Sie. Deshalb steht bei Ihnen sein Wohl an erster Stelle – was dazu führt, dass Sie Ihre eigenen Bedürfnisse oftmals hintanstellen. Die Vorstellung, dass er Sie belügen, mit einer anderen Geliebten betrügen könnte oder Sie gar verlässt, ist für Sie völlig undenkbar.

Risikofaktor

Relativ niedrig. Solange Sie beide diese innige Zweisamkeit genießen, ist alles okay. Aber es kann auch dazu führen, dass einer anfängt zu klammern und extrem eifersüchtig reagiert. Misstrauen und Kontrolle können die Folge sein. Aber auch, dass man einfach nicht mehr interessant ist für den anderen, weil man keine neuen Erfahrungen mehr macht, die der andere nicht auch kennen würde. Also: Nehmen Sie sich die Freiräume, die Ihnen eine Geliebtenbeziehung gibt, freuen Sie sich auf einen Urlaub ohne ihn und nehmen ein paar gute Freunde mit, denn Sie können ohne schlechtes Gewissen ein Eigenleben führen. Dadurch wird auch diese Form von Zweisamkeit bereichert und dauerhaft.

Zukunftsperspektive

Diese Beziehung ist wie ein Bollwerk, denn sie stützt sich auf Nähe und Vertrauen. Daraus kann etwas Dauerhaftes werden. Die Zukunftschancen sind sehr hoch!

20 bis 40 Punkte

Analyse

Sie sind mit diesem Mann sehr glücklich – wenn Sie denn zusammen sind. Sie sind selbstbewusst und wissen, dass Klammern und Kontrollieren keineswegs die Basis für eine gute Partnerschaft sein können. Ihnen ist klar, dass jeder auch sein Eigenleben braucht. Deshalb stellen Sie keine Forderungen. Auch wenn Sie nicht immer darüber glücklich sind, eine Geliebte zu sein, sind Sie in Ihrem eigenen Leben ausgelastet und zufrieden genug, um mit dieser Situation souverän und ehrlich umzugehen. Es ist, wie es ist. Nur Lügen und Geheimnistuerei machen Sie richtig wütend. Sie können gut als Geliebte leben und genießen die Stunden mit Ihrem Traummann. Sobald Sie sich jedoch benutzt oder hintergangen fühlen, ziehen Sie die Notbremse. Denn Ihr Beziehungsziel ist nicht Harmonie um jeden Preis, sondern ein selbstbewusstes Miteinander. Deshalb schlucken Sie auch keinen Ärger herunter, sondern sagen, was Sie denken – da gibt es dann schon mal den einen oder anderen Streit.

Risikofaktor

Für diese Beziehung wären Routine und nebeneinanderher leben die größten Feinde. Das wäre das Ende vom selbstbewussten Miteinander, und bei viel Monotonie lässt auch die sexuelle Spannung nach. Doch da Sie eine selbstbewusste Frau sind, die die Vorteile ihrer Lebensform zumeist sieht, sollte es Ihnen nicht schwer fallen, das leichte Kribbeln im Bauch wieder zu reaktivieren: mit kleinen Geschenken, mit überraschenden Einladungen oder inszenierten Blind Dates: Verabreden Sie sich doch einmal in einer Hotelbar, und tun Sie so, als ob Sie sich vorher nie begegnet wären. Leben Sie das vermeintliche Verheimlichen aus!

Zukunftsperspektive

Mittelprächtig! Ihr grundsätzliches Beziehungsziel ist ja nicht unbedingt die lebenslange Partnerschaft, sondern ein Miteinander, in dem Respekt, Zärtlichkeit und Kommunikation im Vordergrund stehen. Daraus können Sie beide Energie für den Alltag schöpfen – bei eventueller Routine genügt aber die Sehnsucht nach Leidenschaft, um alles ins Wanken zu bringen!

41 bis 60 Punkte

Analyse

Leidenschaft, Spaß und Lebenslust – das ist es, was Ihre momentane Beziehung zu Ihrem Lover ausmacht. Sie genießen beide das Leben in vollen Zügen, was Ihrer temperamentvollen Natur genau entspricht. Für Sie sind Erotik und Sex wichtige – und wunderschöne! – Dinge im Leben, bei denen Sie sich lebendig und begehrt fühlen. Die Liebe ist Ihr Lebenselixier! Deshalb hassen Sie nichts so sehr wie Langeweile und Routine. Genauso auch das Gefühl, womöglich die zweite Geige zu spielen: Sie sind seine Geliebte und damit für ihn die Frau, die mehr zu bieten hat!

Sie sind es gewohnt, selbstbewusst zu handeln, zielstrebig zu sein und sich das zu nehmen, was Sie haben wollen oder brauchen. Ihr Geliebter ist ein aufregender Mann, an dem Sie vieles faszinierend und erotisch finden. Dieses leidenschaftliche Pulverfass führt natürlich so manches Mal zu lautstarken Auseinandersetzungen – und wunderbaren Versöhnungen hinterher …

Risikofaktor

Hoch! Was Sie an Ihrem Partner am Anfang anziehend und interessant fanden, könnte irgendwann die Ursache von Auseinandersetzungen sein. Lieben Sie seine Unabhängigkeit und Unbekümmertheit, könnten Sie sich bald etwas mehr Familiensinn und Verantwortungsgefühl wünschen. Schätzen Sie andersherum die Souveränität Ihres Partners, würden Sie sich vielleicht demnächst über mehr Abenteuerlust und Experimentierfreudigkeit freuen. Denn im tiefsten Inneren vermissen Sie vielleicht doch irgendwann Nähe und Geborgenheit, die eher in einer stabilen, sicheren Beziehung zu finden sind. Leidenschaft, Sex und Erotik müssen sich also ausweiten: Vertrauen, Nähe und Ehrlichkeit müssen dazukommen. Pflegen Sie neben Ihrer Unterschiedlichkeit auch das »kleinste Gemeinsame« – reden Sie, vertrauen Sie sich mehr an. Das erlangte Vertrauen kann die Basis für eine tiefer gehende Liebe sein, die auch länger hält.

Zukunftsperspektive

Kaum Chancen – wenn nicht Eifersucht, Temperament und Streit gezügelt und Nähe, Vertrauen und Geborgenheit aufgebaut werden. Denn wenn lediglich Leidenschaft die Beziehung bestimmt und diese irgendwann abbröckelt, kann das Zusammensein zur Qual werden – und das Verlangen nach Wärme und Geborgenheit riesengroß!

Kennen Sie einen treuen Mann?

Ulla Rhan

Frauen wollen alles, Männer nur das eine

... und warum es trotzdem klappt

»Man wird doch wohl mal gucken dürfen!« Mit solchen und ähnlichen Aussprüchen rechtfertigen sich Männer, wenn sie einem wippenden Rockzipfel nachstarren. Irgendwann haben sie sich die Hörner abgeschlagen? Von wegen! Selbst Treueschwüre vor dem Standesbeamten ändern daran nichts. Ein spritziges Buch, das jeder Frau ihre Überlegenheit vor Augen führt: Während er ein Gefangener seiner Triebe bleibt, hat sie den Kopf frei für alle anderen Dinge. Er bleibt geil – sie wird weise!

Knaur

»Erotik ist der eingefangene Augenblick.
Leben Sie ihn. Trauen Sie sich.«

Anne West

Gute Mädchen tun's im Bett – böse überall

Wer sich traut, hat mehr vom Lieben

Entdecken Sie Ihr erotisches Potenzial! Anne West macht Mut (und Lust!), neue Gefilde der Sexualität zu erkunden und zu tun, wovon Sie sonst nur träumen. Wer genug hat von der Missionarsstellung, findet in dieser leidenschaftlichen Anleitung tausend Ideen mit Gefühl und einer Prise Risiko. Prickelnde und hocherotische Shortstorys machen Appetit auf mehr – ganz ohne »Leistungsdruck« und »Erfolgszwang«. Motto: Erlaubt ist, was Spaß macht – und womit beide Partner einverstanden sind.

Anne West

Sag Luder zu mir

Gute Mädchen sagen danke schön,
böse flüstern 1000 heiße Worte

Hier sind die Sextipps fürs 21. Jahrhundert: lustvoll, mutig, experimentierfreudig und sehr sinnlich. Anne West führt vor, was man alles mit dem Mund machen kann: beißen, küssen, schlingen und züngeln, stöhnen, flüstern, keuchen und sprechen: »Mach mich an!«

Eine Anleitung nicht nur für Frauen, sich auf Entdeckungsreise in die weiten Gefilde der (verbalen) Lust zu begeben.

»Humorvoll, klug, angereichert mit viel Lebensphilosophie zum Thema Beziehungen, zugleich ein leidenschaftliches Plädoyer für unverblümtes Reden miteinander – mal eine ganz andere Beschreibung der wichtigsten Nebensache der Welt.«
Bild am Sonntag

»Ein wirklich witziges Buch über Dirty Talking.«
Die Woche

Knaur

Lassen Sie sich auf den Geschmack bringen – mit süffigen Lust- und Liebesgeschichten; lassen Sie sich entführen – in die aufregende Welt weiblicher Erotik; lassen Sie sich einladen – in die viel versprechende Welt fremder Betten und prickelnder Urlaubsbekanntschaften.